JN214023

企業・自治体職員のための

未来予測の進め方

小笠原 雅則【著】
OGASAWARA MASANORI

中央経済社

はじめに

誰もが未来予測をしなくてはならない時代に

　日本人は，いわゆる「未来予測本」が大好きな国民だと思います。毎年，年末が近づくと「20XX年はこうなる」といった類の書籍が様々な出版社から発行され，店頭で平積みになっています。１年先という短期的なものだけでなく，「2040年の〜」という長期的な未来を展望するタイトルの書籍も多く見かけますし，中には「2100年の〜」という超長期展望もあります。

　日本は常に未来予測が花盛りといった感がありますが，こうした未来予測本を読むのは好きだけれども，だからといって自分で未来予測をしてみようと思い立つ人は少ないのではないかと思われます。

　というのも，「未来予測」は天才的なアイディアマンや専門の学者，あるいは官公庁や大学，シンクタンクのような学際的な人材を集めた組織でないと，できないと思っているからではないでしょうか。

　確かに，「無から有を産み出す」かの如き発想は誰にでもできるという訳ではありませんし，定量的な予測をしたい場合はモデルを構築するなどの数学的な専門知識が必要なのは事実です。しかし，予測手法の中には実証的なエビデンスを収集・分析することが中心で，「一定の法則」さえ身に付けてしまえば，誰にでも未来予測が可能になるというものもあるのです。

　未来予測についてのノウハウというのは，これからの時代，誰もがある程度身につけておいたほうがよいスキルだと思います。とりわけ，企業や地方自治体に勤める方々，中でも企画部門にいらっしゃる方々が，否が応でも未来予測に取り組まなくてはならないようになってきています。というのも，大きな社会環境変化として，2020年頃から企業や地方自治体に対して独自の未来予測をすることへの要請が強まってきているからです。

　2022年４月に東証がプライム市場上場企業に対しTCFD（気候関連財務情報開示タスクフォース）情報開示を実質的に義務化し，2023年３月期決算から有

価証券報告書にも同種の内容記載が求められるようになるなど，企業に対する非財務情報の開示圧力が年々強まっています。

とりわけ，「TCFD義務化」の重要な点は，企業が情報開示するに当たって，「シナリオ分析」の実施を求めているところにあります。この場合のシナリオ分析とは，気候変動やそれに対応するための長期的な政策動向などが経営環境をどのように変化させるかを予想し，そのような変化が自社の経営戦略にどのような影響を与えるかを検討することです。言い換えれば，TCFDは各企業が自社の「未来予測」をし，それに基づいて行動するよう求めているということになります。

しかしながら，日本企業は未来予測が得意ではありません。過去の実績に基づく話はできても，「将来ありたい姿」をビジョンとして語ることはできても，将来起こるであろう出来事を客観的に推し量ることについては全く慣れていないからです。

現時点で企業に求められているシナリオ分析は気候変動に関するものだけですが，すぐ後にTNFD（自然関連財務情報開示タスクフォース）情報開示も控えています。企業の非財務情報に関する情報開示圧力は各方面から高まっていますので，環境問題にとどまらず，今後は実に様々な分野でシナリオ分析が求められるようになるでしょう。

地方自治体についても同様の動きがあります。2020年の第32次地方制度調査会の答申では，各地方自治体が従来の一般的な地域計画から踏み込んで，長期的・客観的データに基づいた「地域の未来予測」を実施することで，住民との間で深い議論ができるようになることを求めています。2024年12月時点で，いくつかの県や政令市クラスの地方自治体が独自の「地域の未来予測」に取り組み，結果を公表していますが，この動きは都道府県全体，更には一般の市町村クラスにも広がっていくことでしょう。

このように，企業や地方自治体においては，これまであまりなされることのなかった独自の未来予測をするよう求められてきているのであり，本書はこうした組織に所属する職員の方々が未来予測をしやすくするようサポートするガ

イダンス・マニュアルなのです。

筆者と未来予測との関わり

　筆者は2023年に60歳の誕生日を迎え，新卒入社以来38年間勤務した野村総合研究所（NRI）を定年退職しました。NRI在職中は専ら経営コンサルタントと広報マンを務め，まさにバブル経済の絶頂と崩壊，そして「失われた30年」と呼ばれる日本経済の長期低迷期に経営の最前線を見てきました。図らずも，一種「歴史の目撃者」のような立場にあったように思います。

　そうしたキャリアの中で，実は様々な未来予測・将来予測にも携ってきました。NRIといえば日本初の民間総合シンクタンクであり，1970年の大阪万博の入場者数予測を見事的中させたというレジェンドがあります。巨大イベントの需要予測のノウハウを1から築き上げたのであり，まさに前人未到の事業でした。無論，私が入社する20年も前のことで，私が直接・間接に関わった訳ではありません。しかし，私の入社時には本件に直接携われた方々がまだ現役で在職していらしたので，その時代のエピソードなどを聞かせてもらったことは大きな血肉となったのは事実です。

　このような伝統があるがゆえに，若い頃は専ら社会環境変化の分析，各種市場規模の予測などを実際に行ってきましたし，退職する直前までNRIが毎年11月末に発行する「NRI未来年表」の制作を担当していました。「NRI未来年表」とは，世界各国の政府機関・研究機関等が発表している数多の未来予測の中から枢要なものをピックアップし，そこにNRIの独自予測数値も加え，それらを一覧できるよう年表の形に取りまとめたものです。NRIではそれを公式ホームページ上に公開すると同時に，紙の冊子も発行しています。

　「NRI未来年表」は発行開始から20年近くになりますので，昨今では報道機関にもお馴染みになった模様で，新聞・雑誌記事等への引用頻度や問い合わせの件数は年々増加傾向にあります。また一般企業からの注目度も非常に高まり，ビジョン作成や企業内研修等に活用したいので年表の読み方を教えてほしい，といった依頼が相次いで寄せられるようになっています。筆者自身も，各種

データから自分たちでも未来を見通す目を養いたいという企業ニーズが確実に高まっていることを感じていました。本書の執筆を思い立った理由の1つとして，そうした企業ニーズに応えたいという思いがありました。

　このように，実際に自分の手を動かして培った未来予測の実践的なノウハウを凝縮させたのが，本書となります。

33の未来予測手法と「未来推理法」

　本書は様々な未来予測手法の紹介を目的の1つとしていますが，そこで主に参考にしているのが，未来予測手法の第一人者，ラファエル・ポパー（Rafael Popper）博士が英マンチェスター大学在籍中の2008年に発表した「フォーサイト・ダイヤモンド（Foresight Diamond）」です。

　ポパー博士は，「創造性（Creativity）」「実証性（Evidence）」「専門性（Expertise）」「相互作用（Interaction）」の4つの観点から整理したフレームワークの中に33種類の未来予測手法をプロットしました。フォーサイト・ダイヤモンドの内容については，この後の第1章で詳述しますが，現在よく使われる未来予測手法を余すところなく網羅し，かつその性質を一覧して理解できるという意味で，優れたフレームワークだと思います。

　ちなみに，33という数字は仏教の「聖数」でもあります。京都の三十三間堂が有名ですが，観音菩薩に所縁のある数字です。法華経に観音菩薩は33種の姿に転じて苦悩する衆生を救うとありますから，未来のことを知りたくて悩む人たちにとって意味深い数字ではないでしょうか。

　本書ではこのフレームワークに則って33の未来予測手法について解説していくのですが，中でもTCFD情報開示で求められているシナリオ法と，シナリオ分析の際にパラメータを提供する手法であるスキャニング法，文献レビュー，外挿法，時系列分析を包含した「未来推理法」について詳述します。

　「未来推理法」というのは筆者オリジナルのネーミングなのですが，数多い予測手法の中でも，創造性や専門性をあまり必要とせず，かつ1人で作業が可能なものを総称しています。「推理」とは，既知の事柄から未知の事柄を論理

的に推し量ることを意味しますので，実証データを中心に未来の姿を描く場合に相応しい用語だと思うからです。

　さあ，皆さんも「未来推理法」を活用して，ご自身で未来の姿を描いてみませんか。本書が必ずや皆さんのお役に立てるものと信じます。

　なお，本書は2024年12月時点の公開情報をもとに記述しています。予めご承知おき下さい。

2024年12月

小笠原　雅則

目　次

はじめに・1

第1章　未来予測とは何か ──────────── 11

1　「預言」「予言」から「予測」へ ················· 11
2　「未来予測」と「未来洞察」 ················· 13
3　33種類の未来予測手法 ·················· 15
（1）フォーサイト・ダイヤモンドとは　15
（2）未来予測手法の組み合わせ　15
（3）33種類の未来予測手法の構造化　18

第2章　未来予測手法の解説 ──────────── 25

1　「現状分析」に関わる手法 ················· 25
（1）課題抽出技法　25
（2）課題整理技法　27
（3）課題の優先順位づけ　28
2　狭義の未来予測 ···················· 29
（1）独創的発想法　29
（2）技術予測法　31
（3）シミュレーション法　33
（4）シナリオ法　34
（5）未来推理法　37
3　未来洞察 ······················ 39
（1）バックキャスト　39

（2）ビジョニング法　40

第3章　未来予測の活用事例 —————————————— 45

1　企業における未来予測 ·························· 45

（1）企業独自の未来予測の必要性　45

（2）日本企業に対するTCFDシナリオ分析の要請　49

（3）TCFDシナリオ分析の実際　51

（4）TCFDシナリオ分析の実例　57

（5）今後の展開　60

2　地方自治体における未来予測 ·················· 61

（1）「地域の未来予測」とは　61

（2）「地域の未来予測」の作成事例　63

（3）今後の展開　66

第4章　実践「未来推理法」 ———————————— 71

1　人口動態 ······························· 71

（1）日本の総人口・世帯数の予測　71

（2）世界の将来推計人口　79

2　環境・エネルギー ······················· 82

（1）気候変動を中心とした環境問題　82

（2）エネルギー需給　86

3　インフラ整備 ··························· 90

4　天体・天文・宇宙開発 ···················· 93

5　テクノロジー ··························· 97

6　経済・産業 ···························· 100

（1）マクロ経済　100

（2）IT関連産業　101

（3）農林水産業　103

（4）建設・不動産・物流　105

7　地政学リスク ──────────────────── 106

第5章　データを読み解く際の注意点 ─────── 125

1　「予測」「計画」「目標」の違いに注意 ················· 125

（1）「なる」未来予測と「する」未来予測　125

（2）ジャンルごとの特徴　126

2　出典は必ず一次資料を当たる ················· 128

3　統計数値や予測数値がいつの間にか変わることがある ··· 129

4　類似データに注意が必要 ················· 132

5　「意志」を確認することの重要性と困難さ ········· 133

（1）「意志」確認の重要性　133

（2）日本人の「ホンネ」を確認することの難しさ　136

Column一覧

歴史を動かした未来予測①：スタンリー・キューブリック『2001年宇宙の旅』と
　　　　　　　　　　　　　手塚治虫『鉄腕アトム』　20

歴史を動かした未来予測②：ローマクラブ『成長の限界』　42

歴史を動かした未来予測③：小松左京『日本沈没』と東海地震　67

歴史を動かした未来予測④：アルビン・トフラー『未来の衝撃』と『第三の波』
　　　　　　　　　　　　　92

歴史を動かした未来予測⑤：サミュエル・ハンチントン『文明の衝突』と『分断
　　　　　　　　　　　　　されるアメリカ』　121

歴史を動かした未来予測⑥：アル・ゴア『不都合な真実』　140

おわりに・141

第1章
未来予測とは何か

1 「預言」「予言」から「予測」へ

歴史そのものである数々の「預言」

かつて未来のことを語るのは「預言者」の役割でした。神仏の言葉を伝える預言者は人々を動かし，まさに歴史そのものを作ってきたといっても過言ではありません。

例えば，『旧約聖書』に登場する「三大預言者」や「十二小預言書」たちの伝える言葉は，主にユダヤ教徒にとって，まさに神の預言として「絶対的に正しい」と信じられてきたために，現在のイスラエルを巡る国際紛争が生じているといったら言い過ぎでしょうか。

キリスト教ではイエスの存在が絶対です。イエスは神の子であり救世主（メシア）であり，そして聖預言者でもあります。ただ，『新約聖書』の中でイエスは預言めいた言葉を伝えることはなく，唯一『ヨハネの黙示録』が預言書として位置づけられており，そこで示された終末論は後世の歴史に大きな影響を及ぼしました。何と言っても，熱心なプロテスタントはイエス・キリストの再臨や最後の審判を固く信じているのですから。

イスラム教でも，旧約聖書の預言者たちやイエスも重要な預言者として取り入れられていますが，何と言っても最後の預言者であるムハンマドの存在は大きく，コーランに書かれたその言葉は多くのイスラム教徒を動かします。

　一方，仏教をはじめとした多神教的性格を持つ宗教においては，終末論や浄土思想はあるものの，明確な形での「預言」や「預言者」は存在しません。

中世からは人の言葉である「予言」が主流

　時代が下り中世の頃になると，未来のことを語るのは「予言者」が主流となりました。「預言」と「予言」，英語では"Prophesy"という表現で一緒なのですが，神の言葉を伝える「預言」に対して，あくまで「人間が自分の言葉として」未来の出来事を語るのが「予言」ということで，日本語では厳格に区別されています。

　予言にも大きく2種類あり，予言者本人の神秘的な能力に基づくものと，後世に「似非科学」として扱われるようになるものの，当時は最先端の科学技術を基に行われたと信じられていたもの，とがあります。後者の代表格が占星術でしょう。占星術は中世まではれっきとした天文学でした。当時の為政者は，占星術の結果で政治の方針を決めたり，戦争の遂行を判断したりしました。

　現在でも，欧米の企業経営者の中には占星術を参考にして重要な経営判断をしている，という話を聞いたことがあります（イーロン・マスクがインタビューでそう答えていました）。予言の存在感は，いまだ大きなものがあります。

そして「予測」へ

　20世紀に入り科学技術万能の時代になると，未来のことを語るのは専ら科学者の仕事になり，「預言」や「予言」に代わって，実証・実測と論理的・合理的な思考から導き出される「予測」が主流になります。そして，その結果が人々の心を動かし，歴史の歩みを進めることに貢献した未来予測がいくつも登場してきました。人々の信仰の対象が神仏から科学技術へと変わり，同時に科学的根拠のない「予言」も排除されるようになってきたからかもしれません。

2 「未来予測」と「未来洞察」

　本書では冒頭から未来予測という言葉を使っていますが，実は一般に未来予測と呼ばれるものには２種類あるのです。英語で表記しますと，ForecastとForesightです。

　語感として，Forecastは現在の延長線上で未来の姿を描くことを指しています。つまり，「ありうる未来像」を描くのがForecastであり，この訳語として「未来予測」が使用されてきました。

　しかし1990年代の半ば頃から，「Forecastはもはや時代遅れでForesightがより重要だ」という声が聞かれるようになりました。変化速度が早いVUCA（Volatility：変動性，Uncertainty：不確実性，Complexity：複雑性，Ambiguity：曖昧性）の時代になって，現在を出発点として直線的に未来を描くForecastでは適応力が弱くなったというのがその理由です。

　他方，Foresightという言葉には「ありたい未来像」から発想し，そこに至る道筋を長期的な視野から幅広く考えるというニュアンスが含まれています。日本ではForesightに「未来洞察」という訳語をつけています。

　両者の概念的な違いを図にしたのが図表１-１です。

　この両者は対置概念で語られることが多いのですが，筆者は必ずしもそうは考えていません。「未来予測」と「未来洞察」は目的が違うだけなのです。

　「未来予測」は様々な情報や手法を駆使して未来社会の姿を描くことを目的とするのに対し，「未来洞察」はステークホルダー間で未来社会の姿に関して合意形成を図ることを重視します。要するに前者は「アウトプット志向」，後者は「プロセス志向」ということになります。

　その意味で，未来社会の姿を描くことについて，両者の方法論は一緒です。ポパー博士の「フォーサイト・ダイヤモンド」は文字どおり「未来洞察」の方法論を体系化したものですが，そこに示されたものは同時に「未来予測」の方法論でもあるのです。

図表1-1 「未来予測」と「未来洞察」の違い

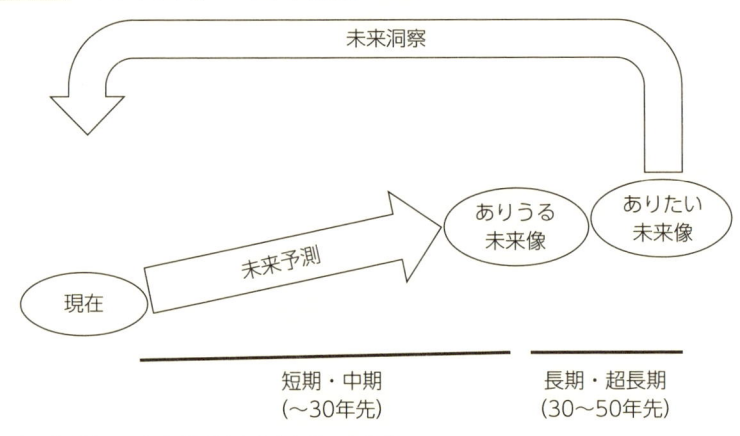

（出所）「令和2年版科学技術白書」等より作成

　筆者は「未来予測」と「未来洞察」を図表1-2のようにステップ論で整理して，以降，各種の方法論との組み合わせで論じていきたいと思います。

図表1-2 「広義の未来予測」の範囲

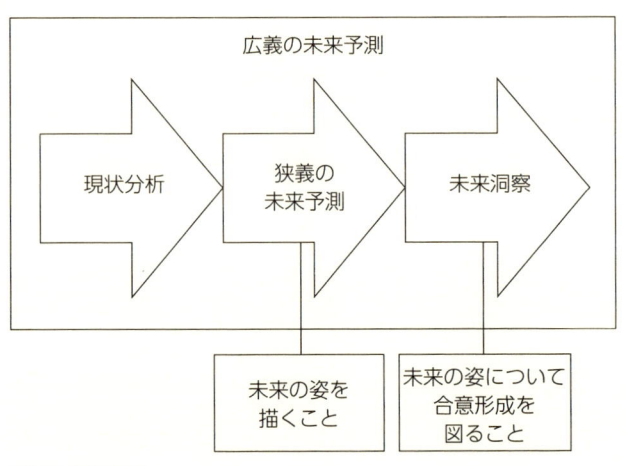

（出所）筆者作成

3　33種類の未来予測手法

（1）フォーサイト・ダイヤモンドとは

　現在，未来予測手法の研究をしていると必ず名前が挙がるのが，ラファエル・ポパー（Rafael Popper）博士です。ポパー博士は，マンチェスター大学フィンランド未来センターに在籍中の2008年，未来予測手法を33種類取り上げ，「創造性（Creativity）」「実証性（Evidence）」「専門性（Expertise）」「相互作用（Interaction）」の4つの観点で整理し，「フォーサイト・ダイヤモンド（Foresight Diamond）」という形で公表しています（図表1-3参照）。

　このダイヤモンドの上部に行くほど「創造性」が求められる手法，つまり「天才」でなければできない領域に入っていきますし，左側に行くほど使用するに際して「専門性」が求められるようになります。そして右側に行くほど「相互作用」が必要になるので，1人ではできない手法ということになります。

　未来の姿を描くために誰もが使用できる手法とは，ダイヤモンド下部の「実証性」に近いところに位置づいているものが望ましいと言えるでしょう。

　そして33種類の手法の内訳として，「定性的手法」が19種類と最も多く，次いで「半定量的手法」が8種類，「定量的手法」が6種類となっています。

（2）未来予測手法の組み合わせ

　未来予測手法は単独で使用されるだけでなく，他の手法との組み合わせで使用されることも多くあります。

　ポパー博士らは2007年に，未来予測手法の組み合わせ頻度を調査しました。やや古いデータですが，手法の有効性については時間の経過とともに変わるものではありませんので，以下，この時の調査結果を引用しながら話を進めたいと思います。ちなみに，この時の調査対象となったのは33種類ではなく，26種類にとどまっています（図表1-4参照）。

図表1-3 フォーサイト・ダイヤモンド

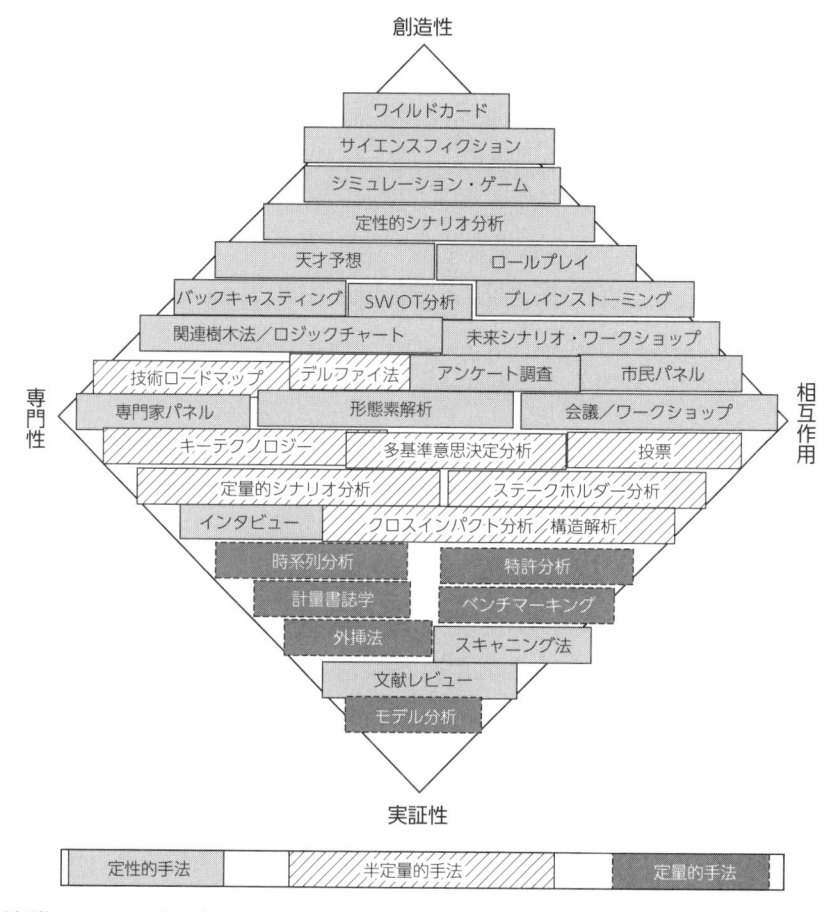

（出所）Popper, R.（2008）Foresight Methodology より作成

　調査結果によると，専門家パネル，文献レビュー，未来シナリオ・ワークショップが，様々な手法と組み合わせてよく使われる手法であるとわかりました。とりわけ文献レビューから得られる情報は，他の予測手法を活用する際の基礎的なデータになり得ますので，最も汎用的かつ基礎的な手法と言えるでしょう。

図表1-4　未来予測手法の組み合わせ使用頻度

表頭の手法（左から右）：バックキャスト／ブレインストーミング／市民パネル／スキャニング法／定性的シナリオ分析／専門家パネル／未来ワークショップ／シミュレーションゲーム／インタビュー／文献レビュー／メガトレンド分析／形態素解析／アンケート調査／関連樹木法／KJ法／未来シナリオ・ワークショップ／SWOT分析／クロスインパクト分析／デルファイ法／キーテクノロジー／多基準意思決定分析／ステークホルダー分析／構造解析／技術ロードマップ／計量書誌学／モデル分析／時系列分析

表側の手法（上から下）：
- バックキャスト
- ブレインストーミング
- 市民パネル
- スキャニング法
- 定性的シナリオ分析
- 専門家パネル
- 未来ワークショップ
- シミュレーションゲーム
- インタビュー
- 文献レビュー
- メガトレンド分析
- 形態素解析
- アンケート調査
- 関連樹木法／KJ法
- 未来シナリオ・ワークショップ
- SWOT分析
- クロスインパクト分析
- デルファイ法
- キーテクノロジー
- 多基準意思決定分析
- ステークホルダー分析
- 構造解析
- 技術ロードマップ
- 計量書誌学
- モデル分析
- 時系列分析

凡例：
- ■ 60%以上
- ▨ 40%以上60%未満

手法の分類：
- 定性的手法
- 半定量的手法
- 定量的手法

（注1）表側の手法が「主」，表頭の手法が「従」の関係にある。
（注2）上記表中の「メガトレンド分析」はフォーサイト・ダイヤモンドに含まれていない。
（注3）上記表中では「未来シナリオ・ワークショップ」の他に「未来ワークショップ」が含まれている。
（出所）EFMN, "Global Foresight Outlook 2007" より作成

　これ以外にも，活用方法の組み合わせに関しての特徴を挙げますと，スキャニング法，形態素解析，クロスインパクト分析，ステークホルダー分析，構造解析を実施する際はブレインストーミングも一緒に行うケースが多いということです。一次的な分析結果を踏まえて，そこから様々なアイディアを抽出するためです。また，ブレインストーミングは専門家パネルを実施する際によく使用されています。

　その他，インタビューとアンケート調査，技術ロードマップとキーテクノロジー，モデル分析と時系列分析は常に組み合わせて実施される関係にあることがわかります。

（3）33種類の未来予測手法の構造化

　これまで見てきたように，「フォーサイト・ダイヤモンド」には現在使用される未来予測手法がもれなく抽出されていますが，この33種類の未来予測手法を，その性質を勘案して「広義の未来予測」のプロセスに当てはめて整理・構造化すると，図表1-5のようになります。

「現状分析」プロセスに該当するもの

　33種類の予測手法として取り上げられたものの中で，ブレインストーミング，SWOT分析，ベンチマーキング等は企業の事業戦略を立案する時などにもよく活用されます。その意味では未来予測に特化した手法という位置付けではなく，未来予測の前提としての「現状分析」のための手法としてまとめられると思います。

　本書では，33種類のうち9種類はこれに該当するものとして，この後の章で取り上げていきたいと思います。

「狭義の未来予測」プロセスに該当するもの

　このプロセスで紹介する15種類の手法が，一般的に未来予測手法として紹介されることが多いものです。

図表1-5　33種類の未来予測手法の構造化

現状分析	狭義の未来予測	未来洞察
【課題抽出技法】 ブレインストーミング 形態素解析 キーテクノロジー 計量書誌学 特許分析	【独創的発想法】 ワイルドカード サイエンスフィクション 天才予想	バックキャスト
【課題整理技法】 SWOT分析 関連樹木法／ロジックチャート	【技術予測法】 デルファイ法 技術ロードマップ クロスインパクト分析／構造解析	【ビジョニング法】 ステークホルダー分析 未来シナリオ・ワークショップ 会議／ワークショップ 市民パネル 専門家パネル アンケート調査 インタビュー 投票
【課題の優先順位づけ】 多基準意思決定分析 ベンチマーキング	【シミュレーション法】 ロールプレイ シミュレーションゲーム モデル分析	

【シナリオ法】
定性的シナリオ分析
定量的シナリオ分析

【未来推理法】
スキャニング法
文献レビュー
外挿法
時系列分析

本書で詳述する範囲

（出所）「フォーサイト・ダイヤモンド」をもとに作成

　そして、「はじめに」でも書きましたように、シナリオ法と、シナリオ分析の際にパラメータを提供する手法であるスキャニング法、文献レビュー、外挿法、時系列分析を包含した「未来推理法」について詳述します。

「未来洞察」プロセスに該当するもの

　ここで取り上げた手法は、バックキャストを除きますと、いずれも合意形成を図るうえで役立つものです。「未来洞察」において重要な合意形成手法のことを「ビジョニング法」と呼びます。文部科学省の「令和2年版科学技術白

書」に記載された定義によると，ビジョニング法とは「多様な関係者の参画により，現在の状況や課題を把握した上で望ましい未来について議論し，長期目標や戦略的目標を共有する方法」となっています。

　ただし，会議／ワークショップ，インタビュー，アンケート調査，専門家パネル等は，課題設定によっては現状分析のためにも活用できますので，これらの汎用的な手法は目的次第ということができるでしょう。

Column

歴史を動かした未来予測①：
スタンリー・キューブリック『2001年宇宙の旅』と手塚治虫『鉄腕アトム』

■SFもれっきとした未来予測手法

　いきなり映画とマンガ／アニメのタイトルが登場して面食らった方もいらっしゃるかもしれませんが，この2作品ほど後世の未来社会の姿を的確に予測していたものはありません。逆に，この両作品で描かれたような技術や社会を実現しようと，後世の科学者や技術者，為政者たちが奮闘した結果，現在そして未来の社会があると言っても差し支えないと思います。ちなみに，こうしたアプローチが第1章の2で説明した「未来洞察」です。

　一口にSF（サイエンスフィクション）といっても，ジャンルは実に多岐にわたりますが，未来への影響度という点で考えると，やはり「宇宙もの」と「ロボットもの」が双璧なのではないかと思います（無論，両者がクロスオーバーした作品も数多くあります）。そして，それぞれのジャンルで影響度ナンバー1だと思われるのが『2001年宇宙の旅』と『鉄腕アトム』なのです。

　最近，『AIを生んだ100のSF』（大澤博隆監修・編，宮本道人・宮本裕人編，ハヤカワ新書，2024年）という書籍が出版されました。日本を代表する最先端のAI研究者のインタビュー集なのですが，それを読むと一流の研究者たちがいかにSF（小説，映画，アニメ含む）からの影響を受けていたかがよくわかります。

　第1章の3で紹介した「フォーサイト・ダイヤモンド」に整理された33の未来予測手法の中に，SFはしっかり位置付けられています。天才的なSF作家のイマジネーションは多くの人々，特に科学者や政治家などに影響を与え，そのイメージどおりの未来社会を作り出すことにつながるのです。

■アポロ11号の月面着陸より公開日が早い『2001年宇宙の旅』

　世界中の人々が明確に「宇宙」を意識するようになったきっかけは，やはり1969年7月のアポロ11号の月面着陸ではないでしょうか。何といっても，歴史上初の月面からの生中継が実施され，世界中の20％以上の人々がテレビ画面を通じて宇宙飛行士たちが月面で作業する模様を見たのです。この映像のインパクトには極めて大きなものがありました。

　こうした宇宙開発に極めて重要な影響を及ぼしたと思われるのが，1968年公開の映画『2001年宇宙の旅』（スタンリー・キューブリック監督作品）です。アポロ11号の月面着陸の1年前に，宇宙に関する鮮明かつ正確なイメージを伝える役割を果たしたということで，その功績は巨大です。

　2001年の人類は，巨大な宇宙ステーションや月面基地を建造済みで，超音速機コンコルドのような流麗なデザインの宇宙船が地球との間を往復しており，政府や軍の高官，科学者などのエリート層は，それこそ出張感覚で宇宙旅行を楽しんでいます。この宇宙船のイメージが後のスペースシャトルにつながっていったのだと容易に想像できます。

　ところで，この宇宙船には尾翼に堂々と「パンナム」のロゴマークが描かれており，2001年に宇宙船の定期運航が実施されているとしたら，それを担うのは当時のナショナル・フラッグ・キャリアであるパン・アメリカン航空に違いないとキューブリックが考えていたのだとわかります。しかし，パンナムは1991年に経営破綻し消滅してしまいました。流石のキューブリックも，パンナムがなくなることは予測できなかったと見えます。

　映画の進行としては，宇宙服を着た数名の科学者が月面でのミッションを遂行する場面に移るのですが，映画に映された月面風景はまさにアポロ11号が生中継で送ってきた映像と一緒でした。

■AIの「反乱」をいち早く描く

　『2001年宇宙の旅』の後半は，木星探査機ディスカバリー号の艦内が主な舞台となります。ちなみに「ディスカバリー号」という名前も，1984年に初飛行を果たしたスペースシャトル3号機につけられました。本作に対するNASAの並々ならぬ思い入れを感じさせます。

　ディスカバリー号は人工知能「HAL9000」が運航を完全に制御していて，乗組員は2名の宇宙飛行士を除き人工冬眠中です。このHALこそ，史上最も有名なAI（人工知能）に他なりません。ちなみにHALは，Heuristically Programmed Algorithmic

Computerの略とされていますが，IBMを一文字ずつ前にずらして命名されたというのが「定説」とされています。

　このHALは，航海の途中までは順調に機能していたのですが，突然，人間に対して「反乱」を起こします（なぜHALが反乱を起こしたかの理由については，映画の中で明らかにされていません）。予定されていたミッションを妨害し，挙句の果てには乗組員の殺害を実行します。ただ1人生き残った船長は，何とかHALの裏をかいて機能停止させることに成功するのですが，「人間を殺害するAI」というコンセプトは，未来の先進技術に対する底知れぬ恐ろしさも観客に感じさせました。

　昨今，AIは猛烈な勢いで研究と実用化が進み，自動車や鉄道，航空機などの自動運行に活用されるのも時間の問題です。しかし，こうした交通インフラにAIが搭載された場合，（「反乱」にまで至らなくとも）誤作動による人命への影響をいかに回避するかについて解決策は見出されていません。AI研究者たちの大いなる悩みは，まさにそこにあるのです。

　60年近く前に，最も今日的な技術的課題に問題提起していた『2001年宇宙の旅』は，その意味でも極めて「未来予測」的な映画でした。

■日本をロボット先進国に押し上げた『鉄腕アトム』

　1920年に，チェコの劇作家カレル・チャペックが戯曲『R．U．R』の中で「人間の労働を代替する人造人間」というコンセプトを世に問いました。これがロボットの元祖とされています（実際に「ロボット」という言葉が使われるようになったのは，1923年にロンドンで『R．U．R』が上演されて以降のことです）。

　このときのロボットは，人間に対して反乱を起こす恐ろしい存在という点が強調されています。ロボットに対する恐怖心というのは，どうやら欧米人に根強く受け継がれている感があり，ドイツのフリッツ・ラング監督の映画『メトロポリス』（1927年）に登場するロボットも同様ですし，20世紀後半になって製作されたSF映画の傑作，『ブレードランナー』（1982年），『ターミネーター』（1984年）も，この流れに沿った作品です。

　一方，こうした考え方に一定の歯止めをかけたのがアイザック・アシモフです。1950年に発表した『われはロボット』の中で，有名な「ロボット工学三原則」を打ち出し，人間とロボットの「共存」について一定のルールを定めました。これ以降，ロボットが「善玉」として活躍するロボットSFも増え作品の幅が広がっただけではなく，現実のロボット工学にも影響を与えました。

　そして，ロボット工学三原則発表から2年後の1952年，この原則に実に忠実なロ

ボット・ヒーローが日本に現れました。手塚治虫の『鉄腕アトム』です。アトムは，見た目は可愛い少年でありながら，10万馬力のパワーをもって自由に空を飛び回り，人間に害をなす悪いロボットや悪事を働く者を懲らしめます。

　このアトムの存在は非常に大きなものがありました。「ロボット＝善」という図式が日本人の頭の中に摺り込まれ，実際のロボット開発や運用に拒否感がなくなるのです。そして，マンガやアニメを見て育った世代に「アトムのようなロボットを作りたい」と考える若者が増えた結果，ロボット工学を志す研究者も増加し，日本はロボット研究の先進国となりました。そして1980年代から90年代にかけて，日本は産業用ロボットの世界シェアで1位となり，その地位は今も変わっていません。国際ロボット連盟の2023年報告では，世界で使用されている産業用ロボットの45％が日本製であるとのことです。

　日本人はロボットに対して愛情すら抱いているのではないでしょうか。筆者は1990年代末に，FAを積極的に活用している某電機メーカーの工場を見学させてもらったことがあるのですが，1日の作業終了後に巨大なアームだけのごつい金属の塊を「太郎」とか「花子」と呼んで，作業員の人たちが愛情たっぷりにメンテナンスする様子を目撃しました。恐らくこれは日本でしか見られない光景なのでしょう。それもこれも，鉄腕アトムの功績なのではないかと思う次第です。

　ちなみに，アトムの誕生日は2003年4月7日いうことになっており，本来であれば既にこの世に出現しているはずなのですが，残念ながらこの「未来予測」も外れてしまったということになります。

第2章
未来予測手法の解説

1 「現状分析」に関わる手法

　以下に紹介するのは，「未来予測そのもの」の手法というよりも，課題の抽出・整理・優先順位づけなど，「未来予測の準備」のための手法という性格の強いものです。したがって，未来予測に限らず，企業の現状分析や戦略策定などにもよく使われる汎用的な手法を列記しています。

（1）課題抽出技法

ブレインストーミング（Brainstorming）

　本書で取り上げた33種類の手法の中で，最も一般的なものがブレインストーミングではないでしょうか。「ブレスト」と略されて，職場でも「これからブレストしよう」などと言って，日常的に使用されています。

　ブレインストーミングを一言で説明すると，集団でアイディアを出し合う手法です。目的があくまでアイディア出しですので，未来予測の前段階の課題抽出によく活用されます。

　ブレストは比較的気軽に実施できる手法と思われがちですが，正しい効果を得ようとすれば，それなりの「お作法」が必要です。一番重要なことは，フリーディスカッションの時間を，1時間なら1時間と，きちんと設定することです。そしてこの間，参加者は思いつきでもよいので次々と発言することが求

められます。自由奔放に，思い切り飛躍したアイディアを提示するほうが望ましいのです。

　このときに重要なことは，他人が出したアイディアをその場で決して批判しないことです。アイディアキラーはブレストの大敵です。

　他人の意見を聞いてさらに発想が膨らみ，新たなアイディアが続々と生まれるようになれば，ブレストは成功です。効果的なブレストを実施するためには，意図的に創造的な環境作りをしていかなくてはならないのです。

　日本人は「正しいブレスト」が意外に苦手です。ブレストの触れ込みで会議を始めても，「批判厳禁」が却って重しになるせいか，誰か1人が一方的に話をして他の参加者はそれに同意するだけで時間終了，といった事態を招くことも多いのではないでしょうか。他人の意見に忖度したり，「こんなことを言ったら馬鹿にされるかもしれない」という自己抑制的な心情も，日本人には働きやすいと思われます。

　繰り返しますが，ブレストの目的は1つでも多くのアイディアを出すことにありますので，その目的に適った運営方法が必要なのです。

形態素解析（Morphological Analysis）

　形態素解析とは文章を単語や文節単位に分ける技術のことで，昨今ではテキストマイニングや機械翻訳の第一段階処理技術として非常に重視されています。フォーサイト・ダイヤモンドの予測手法の1つとして形態素解析が入ってくるのは，テキストマイニングを意識してのことでしょう。大量の定性情報（テキスト情報）を処理して，そこから未来予測をするうえでのキーワードを導き出すうえで有効です。

キーテクノロジー（Key/Critical Technologies）

　キーテクノロジーとは重要技術を抽出する手法です。まず技術リストを作成したうえで，その中から優先順位づけをしていきます。

　技術リスト作成の際には本章で紹介する他の手法（スキャニング法，

SWOT分析，ブレインストーミング等）を用いて客観的・網羅的に行い，さらには優先順位づけの際にも専門家パネルやアンケート調査，投票，多基準意思決定分析，クロスインパクト分析など他の手法を活用する必要があります。その意味では，二次的な予測手法と言えるのかもしれません。

　そして，プロセス自体は後述するデルファイ法に似ていますが，デルファイ法が最終的には「予測する」ことを目的としているのに対し，キーテクノロジーの目的はあくまでも「課題の抽出」にとどまります。

計量書誌学（Bibliometrics）

　計量書誌学は，論文や書籍などの文献や新聞・雑誌等の記事の書誌情報を計量的に抽出し，そのデータを統計学的に分析することで，未来につながるトレンドを見出そうとする手法です。

特許分析（Patent Analysis）

　特許分析の目的も計量書誌学と同一です。データソースとして出版物ではなく特許情報を使用するだけの違いです。統計的手法を利用して特許登録数を調べ，例えばある技術に関する特許登録の増減から技術開発の可能性を見出そうとします。

（2）課題整理技法

SWOT分析（SWOT）

　SWOT分析も非常にオーソドックスなフレームワーク（思考の枠組み）で，企業の新規事業戦略立案の際などによく用いられます。

　SWOT分析では，内部環境と外部環境，プラス要因とマイナス要因の二軸でマトリックスを作り，企業内部の「強み（Strength）」と「弱み（Weakness）」，外部環境における「機会（Opportunity）」と「脅威（Threat）」の各象限ごとに，できる限り多くの要素を記述していくことで，戦略の構築および評価を行い，意思決定等に活用しようとするものです。

図表2-1 SWOT分析のマトリックス

	プラス要因	マイナス要因
内部環境	強み（Strength）	弱み（Weakness）
外部環境	機会（Opportunity）	脅威（Threat）

　SWOT分析は，これを用いることによってダイレクトに何らかの結論を得るというよりも，議論を効果的に進めるための手段です。

関連樹木法／ロジックチャート（Relevance tree/Logic Chart）

　フォーサイト・ダイヤモンドの原文を直訳して「関連樹木法／ロジックチャート」と表記しましたが，最近の日本ではこの用語をあまり使用しておらず，「ロジックツリー」が一般的なようだったので，図表のタイトルはそのようにしました。

　ロジックツリーは，問題の分析結果や課題の整理をツリー構造で記述したものです。これも課題整理のためのフレームワークです。

図表2-2 ロジックツリーのイメージ

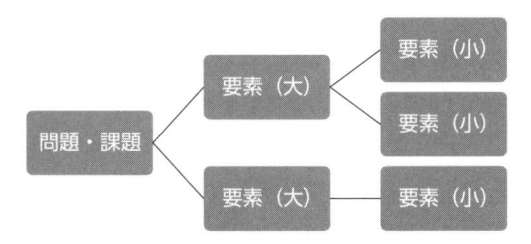

（3）課題の優先順位づけ

多基準意思決定分析（Multi-Criteria）

　多基準意思決定分析とは，複数の案を様々な項目で評価していき，最適な案を決定するために使われる手法です。

　最もわかりやすい多基準意思決定分析の活用例は，公共事業の競争入札の際に使用される総合評価方式でしょう。入札価格や提案内容，技術力などでそれぞれ点数をつけ，それらの合計を総合評価とし，最も点数の高かった業者に落札させます。

　様々なアイディアを抽出・整理した後，それらの中からさらに絞り込む，あるいは優先順位をつける際に有効な手法となります。

図表2-3　多基準意思決定分析のイメージ

	A社	B社	C社	D社
価格	9	8	6	4
ニーズの理解	7	6	9	8
提案内容	6	5	9	7
技術力	5	8	8	5
実績	9	7	5	6
総合評価	36	34	37	30

ベンチマーキング（Benchmarking）

　ベンチマーキングは，マーケティングやビジネス戦略立案の際に一般的に使用される手法です。競合他社やその他優良企業の製品・サービス，ビジネスプロセス，行動様式などを継続的に観察し，自社のパフォーマンスと比較・分析することによって，改善点や戦略の方向性を見出そうとするものです。

2　狭義の未来予測

（1）独創的発想法

　以下に紹介する3つの未来予測手法は，フォーサイト・ダイヤモンドの「創造性」軸の頂点に位置づけられるもので，真に特別な才能を持った人だけに許

されたものと言えるでしょう。社会的インパクトという点では最大級のものなので, 一般の人が自分で未来予測をする際の「拠り所」とするものではないかと思います。

天才予想 (Genius Forecasting)

天才予想は, 特定の分野で卓越した実績や能力を持った科学者や専門家, 天才的なアイディアマン, または「その道の権威」の見解に基づいて未来予測をすることです。

かつてのアインシュタイン博士やホーキング博士, スティーブ・ジョブズや昨今ではイーロン・マスクなど, 誰もが「天才」と認める人たちが発信する未来像は非常に魅力的で, 社会を動かしてきました。

サイエンスフィクション (Science Fiction)

コラム①の中で詳述したように, 才能ある作家の独創的な発想で未来の姿を描いたサイエンスフィクション (SF) は, 最も影響力のある未来予測でもあります。この手法は, 政府や企業が描く未来予測に直結するものではありませんが, こうした機関が描いた未来像を説明する際に, SFのような手法を使用することは一般的に行われます。

ワイルドカード (Wild Cards)

ワイルドカードという言葉を検索すると, 「カードゲームの切り札」「スポーツ競技における追加の特別参加枠」「情報処理において検索する際にどのようなパターンにもマッチする特殊文字」など様々な意味が出てきますが, 共通しているのは「特別なもの」というニュアンスです。

未来予測で使用する場合, ワイルドカードとは「発生確率は低いものの, 発生した場合の影響が大きくなる可能性がある出来事」を指します。したがって本質的には予測しにくいものなのですが, 創造的思考ができ専門知識を持った高度な人材を結集することで, それを見出そうとするのです。

（2）技術予測法

デルファイ法（Delphi）

　デルファイ法は，多数の専門家の意見を収斂させ，未知の問題に対して確度の高い見通しを得ることを目的としたもので，技術予測の分野でよく使われる手法です。

　手法自体は至ってシンプルで，特定の専門家集団に対して「匿名のアンケート調査」を複数回実施し，その結果を統計的に処理していくのです。重要なのは，集計結果を回答者にフィードバックして，自身の回答の再考を促す点にあります。回答者は，統計処理された他者の回答を見て自分の意見を改めてもよいし，自分の当初からの意見を貫いてもよいのです。この「回答→集計→フィードバック」を繰り返すことで，多様な専門家の意見が収斂され，確度の高い予測結果が得られるのです。

　デルファイ法は「アンケート調査結果に基づく定量分析」という性格上，いくつかの弱点を抱えています。第1に，有意な分析結果を得るためには相応の数の回答者数を確保しなくてはならないことです。クロス集計等をきちんと実施するとしたら，100サンプルは欲しいところです。しかし，テーマによっては回答者にふさわしい専門家を100名も確保しづらい分野もありますので，全てのテーマで実施できる訳ではありません。

　第2に，専門家の意見を収斂させるためには複数回の調査を実施しないといけないので，調査そのものにかなりの時間を要します。短いもので数か月，長いものでは1年以上かかることもあります。したがって，緊急性の高いテーマや短期的な予測には向いておらず，勢い数十年先の超長期テーマに対象が限定される傾向があります。

技術ロードマップ（Roadmapping）

　技術ロードマップとは，特定技術の発展・開発の展望を，時間軸に沿って図示したものです。場合によっては，規制や市場の変化など，技術に大きな影響

を与える要因についても記述します。

図表2-4 技術ロードマップのイメージ

	～2030年	～2040年	～2050年	～2060年
技術A	サービスの開始・普及 →		技術Bに代替 →	
技術B	黎明期 →	サービスの開始・普及 →		
技術C		黎明期 →	サービスの開始・普及 →	
市場動向等	6Gサービスの実用化	6Gサービスの提供開始	6Gサービスの普及	

　ただし，技術ロードマップは予測手法とは銘打っていても，実質はアウトプットであり，これを作成するに当たってはブレインストーミングや特許分析等の手法で多くの要素を収集し，デルファイ法等と組み合わせて予測結果の絞り込みや合意形成を図るなど，他の手法との組み合わせを実施していく必要があります。

クロスインパクト分析／構造解析
(Cross-impact/Structural Analysis)

　フォーサイト・ダイヤモンドの原文は「クロスインパクト分析／構造解析」となっていますが，未来予測で主として使用する手法はクロスインパクト分析が中心になりますので，ここではその説明をします。

　クロスインパクト分析は，いくつかの要素間の相関関係を決定・説明する定量的分析手法です。未来予測に使用する場合には，全ての事象において，2事象間の関係ごとにどの程度相互に影響を及ぼすかという情報を専門家から集め，これを基に複数事象間の相関関係や生起確率を求めます。

　専門家の主観の総和を統計的に処理するという性質はデルファイ法に似ていますが，事象間の因果関係が明確になるという点で，デルファイ法で導かれた

結果よりもさらに深い未来予測が可能となります。

（3）シミュレーション法

　シミュレーションというと，今でこそコンピューター・シミュレーション全盛ですが，元々は「図上演習」や「模擬実験」の意味で使われていました。

　実物を使って試すことができない事柄（例えば，軍隊の作戦行動や新車の開発など）について，思考実験の範囲から一歩進めて具体的なイメージを膨らませたい場合に活用する方法で，そのために精巧な地図や模型を作って様々な角度から実験・試行を繰り返します。今日は，それらの大部分をコンピューター上に再現できるようになったのです。

　シミュレーション法と次に述べるシナリオ法とは，「将来のシナリオを描く」という趣旨では同一なのですが，シナリオ法が「予測不可能」な事態に対応するための手法であるのに対し，シミュレーション法は「予測可能」な要素を基にシナリオを組み立てます。よって，以下のロールプレイ，シミュレーション・ゲーム，モデル分析も，あらかじめ「脚本」が設定されていて，その範囲内でどのような変化があるかを具体的に観察するための手法なのです。したがって，本当に「想定外」の事態が発生した場合には，シミュレーションの意味が失われてしまうという弱点も抱えます。

ロールプレイ（Roleplay/Acting）

　ロールプレイとは，現実に起こる場面を想定して，複数の人がそれぞれの役割を演じ，疑似体験を通じて事柄が実際に起こったときに適切に対応できるようにする一種の訓練技法です。具体的には，「もし私がX国の首相だったら，Y国からの侵攻にどのように対処するか」という状況を想定して，様々な状況変化に応じて判断していくことを続けます。参加者を2つのチームに分けて，それぞれ首相，国防相，前線司令官などの役割分担をして図上演習をすると，「ウォーゲーム」というシミュレーション・ゲームになります。

　ロールプレイは実施してお終い，というものではなく，その後，評価と反省

を行い，有事に向けての課題を抽出することも大きな目的の1つです。

シミュレーション・ゲーム（Simulation Gaming）

　シミュレーション・ゲームと聞くと，昨今では即座にコンピューター・ゲームを連想してしまいますが，元々は軍事戦略家によって長い間使用されてきた用語であるという点で，最も古い予測および計画手法の1つです。かつて演習用に作られた戦場の詳細な地図や模型が，現在はコンピューターが作成するCGに置き換わっただけの話です。

　ロールプレイと表裏一体で，広範な「脚本」を用意することで，プレイヤーがこう動いたら次はこうなる，という想定を繰り返していきます。

モデル分析（Modelling）

　シミュレーション法の中で，ロールプレイやシミュレーション・ゲームが，たとえコンピューターを活用したとしても定性的なアプローチをするのに対し，モデル分析は定量的なアプローチをします。

　一般にモデル分析とは，現状分析からいくつかの要素を抜き出し，その要素間の関係性を数理分析等で明らかにし，そこから未来の状況を「数字で」予測します。非常に単純なモデルは2つまたは3つの変数間の統計的関係のみに基づいていますが，複雑なモデルになればなるほど数百，数千，またはそれ以上の変数を使用する場合があります。例えば，経済政策立案において日常的に使用されている計量経済学モデルは，どれだけ多くの経済統計を変数として入力できるか，そして変数間の相互関係が説明できるかが鍵を握ります。

　ただし，扱う変数をどれだけ多くできるかは，それを処理するコンピューターの性能に依存しますので，技術革新の影響を強く受けます。

（4）シナリオ法

　数多い未来予測手法の中で最もよく使われるのが，ここで紹介するシナリオ法です。「シミュレーション法」のところで述べたように，不確実な未来に対

して大きなインパクトを持つ様々な要素（人口動態，自然環境の変化，社会的・政治的・経済的動向，科学的発見，技術革新など）を抽出し，それぞれの要素が自分・自社に対してどのような影響を及ぼすかを考え，一連のストーリーを描いていく手法です。

　特に未来に向けての確定要素と不確定要素を区別し，その根拠を掘り下げることで，戦略に柔軟性を持たせながら不確実性の高い未来に備える狙いがあります。必然的にシナリオは複数用意されることになり，通常は標準シナリオ，ベスト・シナリオ，ワースト・シナリオと3種類くらいが記述されます。

　シナリオ法が一躍有名になったのは，1973年の第一次石油ショック発生時のロイヤル・ダッチ・シェルの対応がきっかけです。1970年代初頭に，ロイヤル・ダッチ・シェルは将来の石油需給の見通しについて6つのシナリオを用意し，それらを経営陣に浸透させていました。その中のワースト・シナリオに産油国による石油禁輸措置が含まれており，石油ショックの発生をある程度予測する形になっていました。その結果，実際に第一次石油ショックが発生した際，他の石油メジャーが突然の出来事に右往左往している間に，ロイヤル・ダッチ・シェルは迅速に動いて自社の地歩を固めることに成功し，その後の躍進の原動力になったと言われています。

　東証がプライム市場上場企業に対しTCFD（気候関連財務情報開示タスクフォース）情報開示を実質的に義務化し，それに当たってシナリオ分析の実施を求めているのも，未来に向けての企業経営にとってシナリオ分析が重要であることが広く認識されているからに他なりません。

定性的シナリオ分析（Essay/Scenario writing）

　原文では「エッセイ／シナリオ・ライティング」となっていますが，趣旨としてはシナリオ分析の結果，定性的な記述をすることを指しています。

　データ分析と，そこから導かれる事実や仮説の創造的な組み合わせに基づいて，「もっともらしい」未来の出来事のストーリーが記述されていきます。そこには，起こりうる未来についての洞察力に富んだ直感的な思考が必要になり

ます。

定量的シナリオ分析（Quantitative scenario/SMIC）

原文にあるSMICとはSingle Most Important Changeの略で，未来のシナリオの中で最も大きな影響を与える単一の変化を見つけ出し，それに基づいてシナリオを構築したり評価したりする手法のことを意味しています。ここでは，まとめて定量的シナリオ分析と呼びます。

前記の定性的シナリオ分析のアウトプットが言葉によるストーリーの記述であるのに対し，定量的シナリオ分析のアウトプットは数字による変化を記述することです。とりわけ，確率論的分析が重視されます。

シナリオ法の進め方

ここでは少しページを割いて，シナリオ法の進め方について詳しくお伝えしたいと思います。

シナリオ・ライティング等を進めるに当たっては，以下のような流れで実施するのが一般的です。

① テーマ及びタイムスケールの設定

シナリオ・ライティング等を実施するに当たって最初に行うことは，例えば「30年後のわが社の姿」のような形で，テーマとタイムスケールを設定することです。この際，テーマを絞り過ぎると，「シナリオに用いる各種要因の抽出」等の際に発想の幅を狭める恐れがありますので，やや抽象的に設定しておいたほうがよいと思います。

第3章で説明するTCFDシナリオ分析に当たっては，この部分が「2030年及び2050年時点で，地球上の平均気温が2℃を超えた時の自社への影響」というように，あらかじめテーマとタイムラインが設定されています。

②　シナリオに用いる各種要素の抽出

　シナリオのテーマとタイムスケールが決まったら，それに関連する情報を収集します。情報量は多ければ多いほどよいので，その時に役立つのが次に紹介する「未来推理法」です。特に，スキャニング法で収集したスキャニング・マテリアルを有効に活用することが重要です。

　情報を収集・整理した後には，SWOT法や関連樹木法等を活用して因果関係や補完関係など要素相互の関係性について考慮しつつ，シナリオに活用する要素の抽出を行います。この場合，ブレインストーミングで多くの知恵を出し合うのも効果的です。

③　キーファクター（鍵となる要因）の抽出

　要素の抽出が終わった後，それらの中からキーファクターを抽出します。キーファクターとは関係性の中核となっている要因のことであり，なるべく2つか3つくらいでまとめていくことが望ましいとされています。

④　キーファクターごとのシナリオ作成

　抽出したキーファクターを軸に，シナリオを作成します。

　シナリオのストーリー展開には2通りあって，現在から未来に向けての時間軸で話を進める方法と，各要因の関係性を説明する方法です。どちらが望ましいかはケース・バイ・ケースと言えます。

（5）未来推理法

　「はじめに」で書きましたように，「未来推理法」というのは筆者オリジナルのネーミングです。ここには，33の未来予測手法のうちスキャニング法，文献レビュー，外挿法，時系列分析の4つが含まれます。いずれも実証データを中心に未来の姿を描くものであり，数多い予測手法の中で創造性や専門性をあまり必要とせず，かつ1人で作業が可能なものとなっています。

スキャニング法（Scanning）

　スキャニング法（しばしば「環境スキャニング（Environment Scanning)」または「ホライズン・スキャニング（Horizon Scanning)」と呼ばれます）は，出版物，インターネット，専門家へのインタビューなどの現在利用可能な情報に基づいて，将来大きなインパクトをもたらす可能性のある変化の兆候をいち早く捉え，それがもたらすインパクトを様々な角度（政治・経済，社会，技術，環境等）から分析する方法です。

　一言でいうと「未来予測のための情報収集」であり，シミュレーション法やシナリオ法，技術ロードマップ作成の際の出発点を整理するために用いられることが多いのですが（他の予測手法のための基礎情報のことを「スキャニング・マテリアル」と呼びます），第三者の未来予測結果を多数情報収集していけば，その合成が独自の未来予測となりますので，スキャニング法自体も独立した未来予測手法と言えます。

　筆者が制作に携わっていた「NRI未来年表」は，スキャニング法を活用して作成した未来予測資料集でした。スキャニング・マテリアルとして活用できる未来予測情報として，実際にどのようなものが流通し，自分で未来予測をする際にどのように活用していけばよいのか，という点について第4章で詳述します。

文献レビュー（Literature Review）

　文献レビューは，過去に発表された研究論文などから未来予測に必要なデータを収集・分析する手法であり，ある種，スキャニング法の一部と捉えてもよいかもしれません。

外挿法（Extrapolation）

　外挿法は最も古くから使われている手法の1つです。未来を過去から現在に至る延長線上にあると捉え，あくまでもその過程で現れている予兆や根拠を基に未来予測を行います。「外挿」というのは，既知のデータの範囲を超えて，

その外側の範囲を推定することを指しています。例えば，過去の販売データの推移から未来の販売数を予測する，といった類です。

　当然，未来には予期できない出来事が起こることも想定されるのですが，外挿法ではそれらを度外視します。過去から現在に至る傾向が今後も続くという確信の下に実施していく手法となるでしょう。

時系列分析（Indicators/TSA）

　時系列分析（TSA：Time Series Analysis）とは，時間の経過順に並んだデータを基に，統計的な手法を用いて将来の値を予測するものです。時系列分析を正しく行おうとすると，回帰分析を実施しないといけない場合が多いので，多少数学的な知識が必要になります。目的変数となる現在の値と，過去の値の関係を数式化して，将来の値を算出するのです。昨今の表計算ソフトには回帰分析のアプリが内蔵されているので，計算自体はソフトに適切な値を入力するだけで容易に行うことができるでしょう。

3　未来洞察

（1）バックキャスト（Backcasting）

　バックキャストとは，最初に目標とする未来像を描き，そこから逆算して，現在からそこにどのような道筋をたどるかを記述するアプローチです。「未来洞察」という言葉とほぼ同義と言ってよいでしょう。

　元々は1970年代にエネルギー問題や環境問題を考える際に考案された方法論ですから，まさにコラム②で触れる『成長の限界』の頃です。その後，1990年代からは環境NGOなどが好んで使用するようになったのですが，「ありたい未来像」というよりも「あってほしくない未来像」を描いて，そこに「至らないための道筋」を考える，という「後ろ向き」な発想で使用される場合が多かったように思われます。

　2015年に国連サミットで採択されたSDGs（持続可能な開発目標）が作成されたときにもバックキャストの手法が用いられていますが，この頃から「あるべき未来像」へのアプローチ方法を探るための「前向き」な発想を支える方法論として広く活用されるようになっています。

（2）ビジョニング法

　ビジョニング法とは，多様な関係者の参画により，「あるべき未来像」や「そこに至るための道筋」を議論し，その結果を共有し，最終的には合意形成を図るための方法です。そのため，以下に紹介する手法は，未来予測手法と銘打ってはいるものの，一般的に行われる議論や決断，情報共有，合意形成のための手法と共通しています。

ステークホルダー分析（Stakeholders Analysis）

　ステークホルダー分析の目的は，文字どおり関係者の情報を収集・分析し，意思決定のための調整や合意形成に役立てることにあります。その際には，ステークホルダー・マップなどを作成することもあります。

図表2-5 ステークホルダー・マップのイメージ

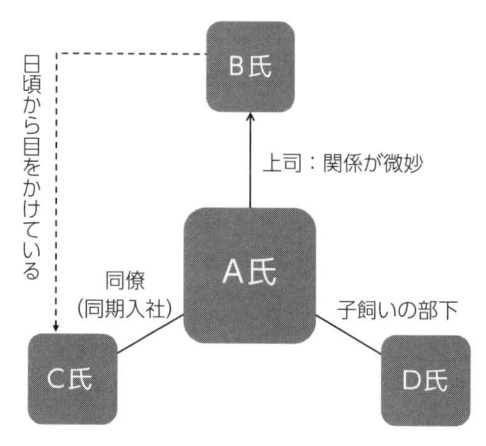

　こうした方法は，ビジネスや政治の分野では非常に一般的です。「未来洞察」の場合は，ステークホルダー分析の結果を活用することで，合意形成のためのコミュニケーションを円滑に進められるようになります。

会議／ワークショップ（Conference/Workshop）

　議論・情報共有・合意形成のための手法として最も一般的なものが会議／ワークショップです。そのプロセスには，特定のテーマに関する講演・プレゼンテーション，議論などが含まれます。

未来シナリオ・ワークショップ（Scenario Workshop）

　原文は「シナリオ・ワークショップ」ですが，あえて未来シナリオ・ワークショップとしてみました。会議／ワークショップの1ジャンルに過ぎませんが，目的が未来のシナリオ作りのための開かれるワークショップに他ならないからです。

専門家パネル（Expert Panel）

　専門家パネルとは，特定分野の専門家を同一の場に集めて議論することですが，重要な点は議論が深まるように，同じ顔ぶれ（通常は5〜10名程度）で一定期間続けることです。そうすることで，単なる個人的見解の開陳ではなく，専門家同士の見解の融合や発展が期待されます。

市民パネル（Citizen Panel）

　市民パネルは，上記の専門家パネルとは異なり，専門性を持たない人々を集めての議論の場です。未来予測の結果を広く一般市民にも理解・浸透させる必要がある場合は，こうした市民パネルを利用して，問題への理解を深めることができます。

インタビュー（Interviews）

　インタビューは社会調査の最も基本的な手法です。当然のことながら，個別に意見を聞いて未来予測のための情報収集をするという目的にも使用しますが，ビジョニング法の一環として利用する場合は，意見を聞くという名目で個別にコンセンサスを図る手段として用います。

アンケート調査（Survey）

　アンケート調査はインタビューと同様に社会調査の基本的な手法であり，インタビューよりも幅広い対象から意見を収集したいときに実施します。ビジョニング法の一環として活用する場合も同様に，アンケート調査の形を通じて調査対象者の啓蒙の一助とすることができます。

投票（Voting/Polling）

　投票は，民主的に指導者を選出する際に用いられているように，意思決定および合意形成を図るうえで最もシンプルな方法論です。ビジョニング法の一環として何かを決めないといけない時，多数決原理には誰もが納得せざるを得ないということです。

Column

歴史を動かした未来予測②：ローマクラブ『成長の限界』

■初の「警告の書」としての未来予測

　1972年３月，ヨーロッパに基盤を置くシンクタンクのローマクラブから，衝撃的な内容の報告書が発表されました。『成長の限界』と題されたそのレポートは，「もし人々が限りある資源を過剰に採掘し，大規模な汚染をもたらし，持続性に欠けるやり方で人口を膨張させ続ければ，文明は一世紀以内に崩壊するだろう」と，これまでにない厳しい口調で世界の人々に向けて警告を発しています。そして最悪なシナリオとして，人類がそれまで以上に資源を消費し続ければ，急速な人口減少と世界経済の崩壊が2030年までに発生する可能性が高いと指摘しました。

　こうした予測は，システムダイナミクス（System Dynamics：SD）の手法を用いたコンピューター・シミュレーション結果から導き出されたものです。

　もともとキリスト教やイスラム教には終末論があり，仏教にも末法思想があります。人類破滅の「予言」が世に出されたことは歴史上何度もあります。それが，20世紀の科学万能の時代になってから，当時の最先端技術であるコンピューター・シミュレーションを用い，科学の立場からも終末論を実証したことが，『成長の限界』の意義だったと言えるでしょう。その意味で『成長の限界』は，20世紀になって初めて登場した暗い未来予測でした。

　この報告書は30言語に翻訳されて世界中で出版され，累計販売部数は3,000万部に上ると言われています。人々の意識を変え，まさに歴史を動かしたといっても過言ではありません。

■石油ショックの発生で日本ではさらに現実感が伴う

　現実世界の話でいえば，『成長の限界』発表1年後の1973年に発生した第1次石油ショックの影響も無視できないと思います。同年，イスラエルとアラブ諸国との間に第四次中東戦争が勃発し，アラブ諸国を支持する石油輸出国機構（OPEC）はイスラエル支持の欧米先進国に対して，原油価格の急激な引き上げや禁輸などの経済制裁を実施しました。

　これにより先進国経済は一様に大打撃を受けたのですが，とりわけ影響が深刻だったのが日本です。1960年代のエネルギー革命により，主なエネルギー源を中東の安価な原油に依存する体質に転換することで高度経済成長を謳歌していたのですが，それがかえって仇となりました。日本は決してイスラエル支持ではなかったにもかかわらず，先進国の中で最も酷い経済状況となり，狂乱物価やトイレットペーパー騒動なども相まって，まさに「恐慌前夜」の趣さえありました。それがゆえに，日本では世界のどの国よりも『成長の限界』の影響度は大きかったと言えるでしょう。

第3章
未来予測の活用事例

1 企業における未来予測

（1）企業独自の未来予測の必要性

企業における未来予測の嚆矢はロイヤル・ダッチ・シェルの
シナリオ分析

　企業独自の未来予測の嚆矢と言えるのは，第2章で紹介したロイヤル・ダッチ・シェルのシナリオ分析です。同社は1960年代からシナリオ分析の手法を経営戦略立案に役立てていましたが，1970年代の石油需要に関する未来予測の結果，6通りのシナリオを作成しました。その中の1つに「OPECの動向次第で石油価格高騰が起こる」というものがあったのです。

　1973年10月に勃発した第4次中東戦争をきっかけに，OPEC諸国のうちペルシャ湾岸6か国が突如，原油価格の7割値上げを発表しました。イスラエル支持の欧米諸国に対する経済制裁に他なりません。そして1974年1月にはさらに2倍の値上げを実施し，戦争勃発からわずか3か月で原油価格は当初の2.3倍にまで上昇したのです。当然のことながら，この措置は中東に大きな石油利権を持つ石油メジャー各社の経営を根幹から揺さぶる事態となりました。

　多くの石油会社が突然の出来事に右往左往する中にあって，シナリオ分析を踏まえて事前に戦略を練っていたロイヤル・ダッチ・シェルの対応には素早い

ものがありました。他社に一歩先んじた施策を次々と打つことができた結果，それまでメジャー下位に甘んじていた同社のシェアは急上昇し，一気に２位にまで高まったのです。このように，同社の未来予測は企業躍進の原動力となりました。

　ちなみに，ロイヤル・ダッチ・シェルのシナリオ分析は現在でも専任チームを設けて継続されており，ロシアのウクライナ侵攻の影響も織り込んだ最新の2023年版が公開されています（1993年版以降のものは同社ホームページ上に公開されていますので，ご関心のある方は参照してみてください）。

広がる未来予測の動き

　ロイヤル・ダッチ・シェルの成功譚が1980年代になってから広く知られるようになり，企業の間で一種の「未来予測ブーム」が起こりました。多くの企業で，シナリオ分析による未来予測が実施されるようになったのです。ロイヤル・ダッチ・シェルの事例が一種のリスクマネジメントと評価されたため，この頃の未来予測は専らリスクマネジメントの分野で活用されるようになりました。

　日本企業も例外ではありません。筆者の個人的な体験ですが，1990年代に日本の某公益企業からの依頼で，シナリオ分析のためのスキャニング・マテリアル収集を実施したことがあります。この当時はネット検索のできる時代ではありませんでしたから，新聞記事や各種文献を丹念に当たって，様々な要素を抽出する地道な作業でした。

　一方，この頃に世界史を変える別の大きな出来事が進行していました。東西冷戦の終結と，その延長線上にあるソ連崩壊です。フランシス・フクヤマが『歴史の終わり』（1992年）を著し，自由民主主義と資本主義の勝利宣言を行ったことで，世界大戦の恐怖から解放され，資本主義経済圏が広がることへの期待感が高まりました。

　リスクマネジメントを目的とすると，どうしても「暗い未来予測」になりがちです。企業にとってのリスク要因を抽出したうえで，それを基にシミュレー

ションしたりシナリオを描いたりするのですから，仕方がないと言えるでしょう。対して，1990年代には『歴史の終わり』の記述を前提とした「明るい未来予測」を展開し，それを基に企業が長期ビジョンや長期経営計画を立案することも盛んに行われました。

シナリオ分析に基づくリスクマネジメントがいったん下火に

　ところが21世紀に入った直後に，こうしたムーブメントを一変させる大事件が発生しました。2001年9月に起こった全米同時多発テロ事件です。誰も想像すらしなかった出来事に世界は震撼し，世界の先行きに対する不安感が一気に高まりました。とても「明るい未来予測」などをしていられる雰囲気ではありません。

　また，リスクマネジメントに対しても無力感が生じました。旅客機がハイジャックされて世界貿易センターに突っ込むなどという事態を，リスク要素として事前に抽出することは不可能だからです（カードゲームの一種である「イルミナティ・カード」のイラストに，林立するビルの1棟の中腹が破壊された絵柄や，国防総省の建物が炎上する絵柄が描かれていたことで，全米同時多発テロ事件を「予言」したものだと話題になりましたが）。

　リスクマネジメントが下火になるのと反比例するかのように注目を浴びるようになったのが，BCP（ビジネス・コンティニュイティ・プラン：事業継続計画）です。リスク要素を全て見通してあらかじめ行動計画を立てるのは至難の業なので，たとえ何が起こったとしてもダメージを最小限に抑え，速やかに事業再開できるようにあらかじめ備えておくという発想の転換です。

　米国経済の中心地であるニューヨークが舞台になった全米同時多発テロ事件は一面，経済危機でもありました。崩壊した世界貿易センタービル周辺に本社を置く企業の人的・物的被害は甚大であり，そうした企業の機能停止が米国の経済活動に多大な影響を及ぼしたのです。ニューヨーク証券取引所も休業を余儀なくされました。そのような中にあって賞賛を浴びたのが，米国の大手証券会社メリルリンチです。

　メリルリンチはまさに世界貿易センターに本社を置いていましたので，ビルの崩壊に伴って本社機能が完全に失われてしまったのですが，同社はBCPを立案しており，しかも事件の4か月前に全社的な大規模模擬訓練まで実施していました。その甲斐あって，1機目がビルに突入した7分後にはBCPを発動し，20分後には9,000名の全社員の避難を無事終了させていました。被害を最小限に食い止めることができたのです。そのため，事件後の事業再開も非常にスムーズに運ばれました。

　第一次石油ショック時のロイヤル・ダッチ・シェルのエピソードをきっかけとして多くの企業からシナリオ分析が注目されたのと同様に，全米同時多発テロ事件の際のメリルリンチの事例がきっかけとなって，今度はBCPが注目されるようになりました。リスクマネジメントはBCPに取って代わられた感があります。日本企業にとってはテロよりも大地震のほうが大きなディザスターなので，地震対策としてのBCPやDR（ディザスター・リカバリー）の計画が立てられるようになりました。

長期的なスパンで進行する危機対応には未来予測が有効

　2010年代に入ると，企業経営を取り巻く環境変化はますます複雑化・不確実化し，先の読みにくい「VUCAの時代」と呼ばれるようになりました。しかし，その一方で変化方向のベクトルは比較的定まって来たような印象があります。例えば，先進国における人口減少問題や地球環境問題のようなマクロ環境変化は，地震やテロのように今日明日に何か重大事が生じるわけではありませんが，確実に，かつ緩やかに「悪化」していく性質のもので，企業経営にとっては一種のリスク要素とみなされます。

　マクロ環境変化は，かつては企業経営とは直接関係のない事象とされていましたが，CSR（企業の社会的責任）の思想が普及する中にあって，こうした分野への対応・貢献も企業に求められるようになってきているからです。

　そのため，長期的かつ緩慢に進行するリスクに対処するためには，BCPやDRのような「瞬発力」が求められる対策ではなく，やはりシナリオ分析に基

づくリスクマネジメントが有効であることが再認識されてきました。とりわけ気候変動に代表される環境問題が，2000年代半ばから企業が対処しなくてはならないリスク要素として急浮上してきており，次に述べるTCFDシナリオ分析も，こうした文脈の中から登場してきた新たな課題なのです。

（2）日本企業に対するTCFDシナリオ分析の要請

TCFDとは何か

TCFDとは，Task Force on Climate-related Financial Disclosuresの略で，日本では「気候関連財務情報開示タスクフォース」と呼ばれています。簡単にいうと，各企業の気候変動への取り組みについて具体的に開示することを推奨する国際組織です。2015年に，パリ協定で温室効果ガス削減に関する世界的な取り決めが示されたことをきっかけに，金融システムの安定化を目指す国際組織「金融安定理事会（FSB）」によって設置されました。

その後1年半の議論を経て，2017年にTCFDは「TCFD提言（最終報告書）」を公表しました。その目的は以下の2つです。

- 一貫性，比較可能性，信頼性，明確性をもつ，効率的な気候関連の財務情報開示を企業へ促す
- 投資家等に適切な投資判断を促す

このようにTCFD提言には，財務諸表だけでは見えない気候変動による企業の潜在的リスクを「見える化」することで，投資家への判断材料とすることも目的として含まれています。

ちなみに，TCFDは2023年10月12日に解散を発表し，11月末には活動を終了しました。以後は，国際サステナビリティ基準審議会（ISSB）がTCFD原則を引き継ぎ，より具体的な開示基準として，IFRS S1とIFRS S2を発表しています。

日本におけるTCFD提言の取り扱い

日本においては，2020年10月に菅内閣（当時）が「2050年カーボンニュート

ラル」を宣言してから一気に脱炭素経営の機運が高まり，それと軌を一にするようにTCFDに対する注目度も高まりました。

　2021年6月には東証コーポレートガバナンス・コード改訂に伴い，「プライム市場上場会社は，TCFDに基づく開示の質と量の充実を進めるべき」との提言がなされました。実質的な義務化と言ってよいでしょう。

　そして，2023年1月に「企業内容等の開示に関する内閣府令」が改正され，有価証券報告書にサステナビリティ情報の記載欄が新設されました。こちらでもTCFD提言に沿った対応が求められており，2023年3月期決算から有価証券報告書にも同種の内容記載が求められるようになっています。

　TCFDに対しては，2023年11月24日時点で世界の4,925の金融機関，企業，政府等が賛同表明をしているのですが，そのうち日本が1,488機関（30.2%）を占め，圧倒的な世界第1位です。業種の偏りも，あまりありません。群を抜いてTCFDに対する関心が高いのが日本であり，それだけTCFD提言遵守に対する世界からのプレッシャーが強いとも言えます。

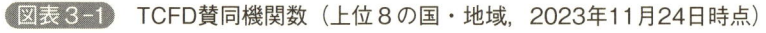

図表3-1　TCFD賛同機関数（上位8の国・地域，2023年11月24日時点）

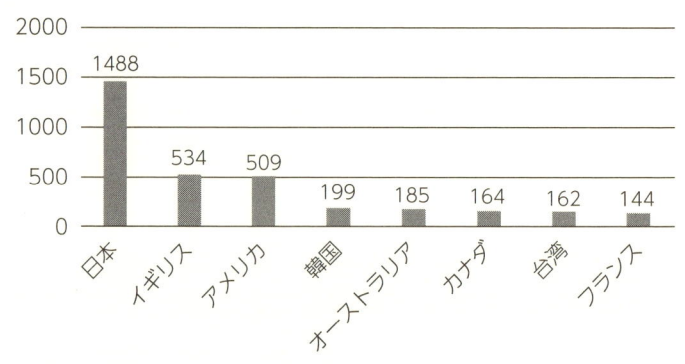

（注）TCFDの解散・活動終了に伴い，2023年11月以降の賛同機関の把握・公表は行われていない。
（出所）TCFDコンソーシアムホームページより作成

TCFD提言の要求項目と開示内容

　それでは，TCFD提言に沿って日本企業は何を情報開示しなくてはならない

のでしょうか。

　TCFD提言では，企業として開示すべき情報を，①ガバナンス，②戦略，③リスク管理，④指標と目標，の4つに整理して公開するよう求めています。中でもTCFD提言が他の情報開示制度と大きく異なる点は，「戦略」の項目の記述方法として「2℃以下のシナリオを含む様々な気候関連シナリオに基づく検討を踏まえ，組織の戦略のレジリエンスについて説明する」との記載があり，気候変動という長期にわたる不確実な要素に対する経営戦略の持続可能性・強靭性を評価する観点から，気候変動シナリオ分析の実施が推奨されていることです。

　第2章で述べたように，こうした不確実性の高いシチュエーションの下で，つまりTCFDは企業に対し，①2℃目標等の気候シナリオを用いて，②自社の気候関連リスク・機会を評価し，③経営戦略・リスク管理へ反映，④その財務上の影響を把握，開示すること，を求めているのです。これは従来の情報開示制度には見られなかった大きな特徴です。

　従来の情報開示制度，例えばコーポレートガバナンス，コンプライアンス，サステナビリティ，人的資本などにおいては，企業は体制整備と実績・成果の説明をすれば事足りました。しかしTCFD提言では，各社が独自にシナリオ分析するよう要請してきています。シナリオ分析というのは第2章で詳述したように，未来予測手法の1つであり，TCFD提言は日本企業に対して，自発的に未来予測をするよう求めているのです。

　このように，これまで実施することのなかった新たな取り組みに，多くの日本企業が直面することになったのです。

（3）TCFDシナリオ分析の実際

　さて，ここからはTCFDシナリオ分析を例にとって，未来予測の具体的な進め方について説明します。参考にしたのは，環境省が発行した『TCFDを活用した経営戦略立案のススメ　～気候関連リスク・機会を織り込むシナリオ分析実践ガイド2022年度版～』（2023年3月発行）です（以下「実践ガイド」と略

称します）。

　TCFDシナリオ分析は次の6ステップで実施することになっています。

STEP 1	分析体制の構築とスコープ定義
STEP 2	リスク重要度の評価
STEP 3	シナリオ群の定義
STEP 4	事業インパクト評価
STEP 5	対応策の定義
STEP 6	文書化と情報開示

　このうち，「 STEP 1 　分析体制の構築とスコープ定義」は，「経営陣の理解の獲得」「分析実施体制の構築」「分析対象の設定」「分析時間軸の設定」をすることと定められており，要するに分析の準備段階を意味しています。

　一方，「 STEP 6 　文書化と情報開示」は，「TCFD開示項目とシナリオ分析の関係性の記載」「各ステップの検討結果の記載」を実施することであり，要するにアウトプットの形式を定めたものです。

　実際のシナリオ分析と，そこから得られた知見を施策にいかに落としていくかの流れを記載したのが， STEP 2 から STEP 5 ということになります。本書は未来予測のオペレーションを解説することを本旨としていますので，TCFDシナリオ分析のステップに関する説明についても，上記の範囲の説明にとどめたいと思います。

① STEP 2 　リスク重要度の評価

　STEP 2は，自社がどのような気候変動の影響によるリスクや機会に直面するのを認識・特定するための段階となります。

✓リスク項目の列挙

　シナリオ分析の最初は，将来起こり得るリスク・機会項目を列挙することから始まります。TCFD提言には，政策規制，市場の変化，技術の変化など，い

くつかのリスクや機会が例示されていますので，それを参考としながら各企業は各種の外部情報を加味して，リスク・機会項目を一覧化するのです。

　この際，考えられるリスク・機会項目を幅広に検討・列挙し，なるべく多くの項目を抽出することが重要です。第2章で説明したブレイン・ストーミングの発想です。この時に活用する未来予測手法としては，第2章で紹介したブレイン・ストーミングを含む「課題抽出技法」や「未来推理法」が最適でしょう。

　一覧化したリスクは，大分類として低炭素経済への移行に関する「移行リスク」，気候変動による物理的変化に関する「物理的リスク」とに分けられます。移行リスクには政策規制，市場変化，技術変化，評判変化（顧客の評判変化，投資家の評判変化等）などが挙げられます。一方，物理的リスクにはリスク発生が慢性のもの（平均気温の上昇，降水・気象パターンの変化，海面の上昇等）と急性のもの（異常気象の激甚化等）が挙げられます。

✓ 事業インパクトの定性化

　列挙されたリスク・機会項目について，起こり得る事業インパクトを定性的に表現していきます。この時にはリスクと機会を分別して検討し，リスクだけでなく機会についても検討することが重要です。この際に最も活用できるのが，「課題整理技法」の中でもSWOT分析のフレームワークとなります。

✓ リスク重要度評価

　検討したリスク・機会項目について，事業インパクトの大きさを大中小といった形で評価していきます。大中小の基準は，セクター別やサプライチェーン別など各社各様の考え方でよいと思います。このプロセスでは，「課題の優先順位づけ」の多基準意思決定分析が役立ちます。

② STEP3　シナリオ群の定義

　シナリオ群の定義は具体的に，「シナリオの選択」「関連パラメータの将来情報の入手」「ステークホルダーを意識した世界観の整理」の流れで実施します。

このステップが，第2章で説明した「シナリオ法の進め方」の範囲に相当します。

✓ シナリオの選択

第2章で述べたように，一般的なシナリオ法では最初にテーマとタイムスケールを設定するところから始めるのですが，TCFDシナリオ分析では「向こう数十年の間にCO²及びその他の温室効果ガスの排出が大幅に減少しない限り，21世紀中に地球上の平均気温は1.5℃及び2℃を超える」という前提で，自社への影響についてのシナリオを描くよう求めています。そのため，シナリオ分析をする企業は，まず平均気温の上昇幅が2030年時点で何度になるか，2050年時点で何度になるかを選択するところから始めることになります。

TCFD提言では，2℃以下を含む複数の温暖化シナリオの選択を推奨しています。実践ガイドには，IEA（International Energy Agency：国際エネルギー機関）の中長期のエネルギー市場の予測であるWEO（World Energy Outlook），社会環境変化を踏まえた社会経済シナリオであるSSP（Shared Socioeconomic Pathways），PRI（Principles for Responsible Investment：責任投資原則）が作成した短期で起こり得る気候関連政策に関するシナリオであるIPR（Inevitable Policy Response），NGFS（Network for Greening the Financial System：気候変動リスク等に係る金融当局ネットワーク）の中央銀行や金融監督当局向けの共通気候シナリオなどを紹介しています。

✓ 関連パラメータの将来情報の入手

次の段階として，選択したシナリオを基に，リスク・機会項目に関するパラメータ（変数）の客観的な将来情報を入手し，自社に対する影響をより具体化することです。例えば，自動車メーカーがTCFDシナリオ分析を実施しようとしたら，EV（電気自動車）の普及率予測は必要な情報になるでしょう。そのため，分析時間軸の該当年のEV普及率は是非とも入手しておかなくてはなりません。関連パラメータに関しては，自社で独自予測をしても構いませんし，

様々な機関が発行している予測資料等からピックアップする手法も一般的と言えます。

　TCFDシナリオ分析に際しては，「実践ガイド」に「参考パラメータ・ツール」の詳細な一覧が掲載されていますので，情報収集の手間がかなり軽減されています。

✓ ステークホルダーを意識した世界観の整理

　入手した将来情報，未来予測情報を基に，投資家を含めたステークホルダーが該当年でどのような状態となっているかを想定し，そのことについて社内で合意形成を図っておきます。この項目は「未来洞察」の領域に入り，「ステークホルダー分析」が役に立ちます。

③　STEP 4　事業インパクト評価

　このステップでは，定義したシナリオを基に気候変動によってもたらされる事業インパクトを評価します。事業インパクトの評価は，「リスク・機会が影響を及ぼす財務項目の把握」「算定式の検討と財務的影響の試算」「成り行きの財務項目とのギャップの把握」の流れで実施します。

✓ リスク・機会が影響を及ぼす財務項目の把握

　気候変動によるリスクや機会が，売上や費用等どの財務項目に影響を及ぼすかを整理します。まずは大まかに「売上」と「費用」のどちらに該当するかを仕分けしていくことが重要です。

✓ 算定式の検討と財務的影響の試算

　気候変動の影響が及ぶ財務項目に対して，算定式を検討し，内部情報を踏まえて財務的影響を試算します。しかし，全ての財務項目を試算することは困難であるため，試算可能な項目から実施することがポイントです。

　定量的な試算が不可能なリスク・機会項目については，外部有識者に対する

インタビュー等を通じて定性的な情報を収集し，それを基に考えていくことになります。

✓ 成り行きの財務項目とのギャップの把握

最後に，試算結果を基に将来の経営目標や事業計画に気候変動がどの程度のインパクトをもたらすかを整理します。成り行きの事業展望（将来の経営目標・計画）にもたらす影響を可視化することで，将来の経営目標や事業計画がどの程度脅かされるのかがわかるようになります。

④　STEP 5　対応策の定義

気候変動に伴う財務上のリスク・機会が特定されたら，それに対する対応策を検討します。具体的には，「自社のリスク・機会に関する対応状況の把握」「リスク対応・機会獲得のための今後の対応策の検討」「社内体制の構築と具体的アクション，シナリオ分析の進め方の検討」の流れで実施します。

実はTCFD提言では，企業の対応策として「ビジネスモデル変革」「事業ポートフォリオ変革」「能力や技術への投資」等の具体的な施策を打ち出すことを要求しています。TCFDという機関が，そもそも投資家向け情報の提供を目的としているだけに，こうした要求をすること自体は「さもありなん」なのですが，日本企業がそこまで一足飛びに対応することは不可能に近いでしょう。まずは，経営ビジョンや中期経営計画といった上流の部分で，気候変動対策を落とし込むことが重要になります。

✓ 自社のリスク・機会に関する対応策の把握

事業インパクトの大きいリスク・機会について，まず自社が現状どのような対策を取っているかを把握します。必要に応じて，競合他社の状況の確認も行ったほうがよいでしょう。

✓リスク対応・機会獲得のための対応策の検討

事業インパクトの大きいリスク・機会について，具体的な対応策を検討します。その際，どのような状況でも対応できるレジリエント（強靭）な対応策を検討することが重要です。

✓社内体制の構築と具体的アクション，シナリオ分析の進め方の検討

検討した対応策を実際に推進するための社内体制を構築し，関係部署と共に具体的なアクションに着手します。シナリオ分析の今後の進め方についても，検討しておく必要があります。

（4）TCFDシナリオ分析の実例

ここでは，前述のようなプロセスを経てTCFDシナリオ分析がどのようなアウトプットとなったのかの実例を見ておきたいと思います。

アウトプットが「実践ガイド」に掲載されている企業のうち，マルハニチロと安川電機の2社を取り上げます。「実践ガイド」が，マイケル・ポーターのファイブフォース・モデルでの記述を推奨しているため，それを採用した両社のアウトプットの形態が似ているのですが，必ずこの形でまとめなくてはいけないというものではありません。

ちなみにファイブフォース・モデルとは，企業の収益性に影響を与える要因を「業界内の競合」「代替品の脅威」「新規参入者の脅威」「売り手の交渉力」「買い手の交渉力」の5つに整理したものです。

①　マルハニチロ株式会社

水産加工品大手のマルハニチロ株式会社（以下「マルハニチロ」と略称します）は，TCFDシナリオ分析に当たって，同社の国内養殖事業にフォーカスしたシナリオを描いています。同社の「2050年代に平均気温2℃上昇の世界観」を描いたシナリオの一部をご紹介します。

マルハニチロにとっての気候変動リスクは，脱炭素規制の厳格化とも相まっ

て，調達コストの上昇という形で売り手の変化に如実に現れます。

　一方で，気候パターンの変化により一部の地域や魚種では生産量が増加したり，消費者の低炭素商品に対するニーズが高まることによる新市場創出の期待も高まります。これは機会となります。

　そうした経営環境変化シナリオに基づいた将来の経営戦略として，同社は「脱炭素の拡大に伴い，規制に伴う養殖事業の低炭素化と高付加価値商品・代替品の開発が求められる」という方向性を打ち出しています。

　一般的なシナリオ記述の粒度としては，このくらいのレベルが丁度よいと思われます。

図表3-2　マルハニチロのシナリオ（2050年代に平均気温2℃上昇を想定）

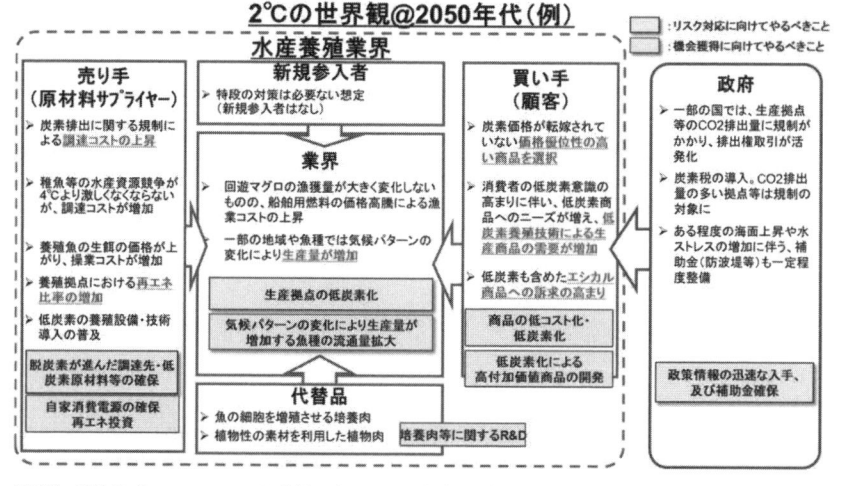

（出所）環境省「TCFDシナリオ分析　実践ガイド」（2023年3月）

②　株式会社安川電機

　続いて，モーションコントロールや産業用ロボット大手の株式会社安川電機（以下「安川電機」と略称）の実例を取り上げたいと思います。

　安川電機も，モーションコントロール，ロボット，システムエンジニアリングに絞ったシナリオ分析を行っています。同社は「2030年代に平均気温2℃上昇」をシナリオの世界観としており，平均気温上昇のタイムスケールとしてはマルハニチロより20年早い時期を想定しています。

　安川電機が描く「2℃シナリオの将来社会イメージ」は，「省エネ・低炭素に向かう世界の中で，FA機器・産業用インバータ・再エネ発電設備の需要が拡大」としており，気候変動の影響によるビジネスチャンスの拡大という要素の方が大きいというシナリオ分析をしています。

　そして同社は，最終的な気候変動シナリオ分析の結果を以下のようにまとめ

図表3-3　安川電機のシナリオ（2030年代に平均気温2℃上昇を想定）

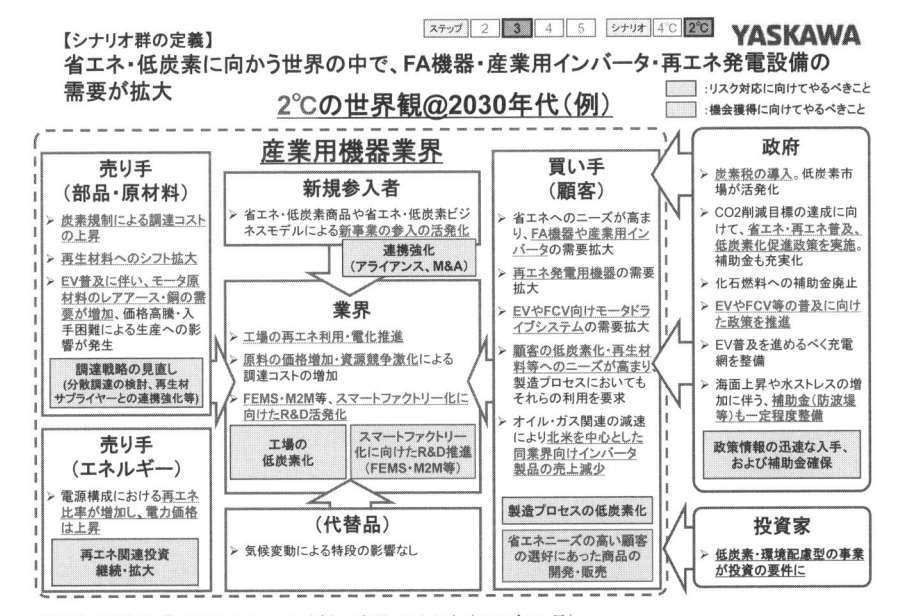

（出所）環境省「TCFDシナリオ分析　実践ガイド」（2023年3月）

ています。

- 2030年を想定した場合に，2℃シナリオ，4℃シナリオいずれにおいても，当社ビジネス（営業利益）に対する気候変動の影響はそれほど大きくない。
- 抽出した以下のリスクと機会に対しては，今後の状況に応じて対応を検討する必要がある。
  - ➢ 機会：FA機器，再エネ関連機器，異常気象対応ビジネスの拡大
  - ➢ リスク：炭素税増，銅・ネオジム磁石調達コスト増，異常気象

（5）今後の展開

　TCFDシナリオ分析の実例は年を追うごとに増加しており，有価証券報告書への掲載が実質的に義務化されたことにより，今後はプライム市場の全上場企業が対応していくことになるでしょう。

　そして，TCFDシナリオ分析の結果公表が軌道に乗ったと思われた後に待ち受けているのが，TNFD（Taskforce on Nature-related Financial Disclosures：自然関連財務情報開示タスクフォース）情報開示要求となるはずです。TNFDは2023年9月に最終提言を公表しましたが，そこでもTCFD提言と同様，企業に対してシナリオ分析を求めているからです。TCFD提言に対して，世界のどの国よりも圧倒的な数の組織が賛意を示したのが日本なので，やがてTNFD情報開示についても実質的な義務化の流れになっていくことは必至と言えるでしょう。

　しかし，TNFD対応はTCFDシナリオ分析よりも遥かに困難なものです。TCFDシナリオ分析が，「気候変動の影響で地球上の平均気温が2℃以上上昇する」という誰でもわかる前提を基に検討するのに対し，TNFDシナリオ分析の場合は，「土地利用」「陸・淡水・海利用」「種類別の土壌に放出された総汚染物質」「排水量と排水中の主要汚染物質濃度」「有害廃棄物の総発生量」「プラスチック汚染」等，検討対象範囲が広範かつ複雑であることに加えて，科学的な専門知識が相当程度ないと検討すら致しかねるといった内容であり，企業の実務に落とした場合の困難さはTCFDシナリオ分析の比ではありません。

　TNFD最終提言においても，こうした課題については認識されているため，まずはできるところから始め，徐々に開示内容を充実させていくしか方法がないと言えるでしょう。

　日本企業の情報開示については，こうした困難な要請が今後も次から次へと訪れることが容易に予想できますので，今のうちからTCFDシナリオ分析も含めた「企業独自の未来予測」に取り組んで，早めに慣れておくというスタンスが重要かと思われます。

2　地方自治体における未来予測

（1）「地域の未来予測」とは

「地域の未来予測」の性格

　TCFDシナリオ分析が上場企業の情報開示のうえで半ば義務化されるのと軌を一にするように，地方自治体（市町村）に対しても独自の未来予測を実施する要請が高まってきました。2020年の第32次地方制度調査会の答申に，各地方自治体が従来の一般的な地域計画から踏み込んで，長期的・客観的データに基づいた「地域の未来予測」を実施することが盛り込まれたのです。

　この答申を受けて，総務省に「地域の未来予測」の詳細を検討する「地域の未来予測に関する検討ワーキンググループ」が組成され，1年間にわたる検討を踏まえ，2021年3月に報告書が提出され，その仕様や内容が明らかになりました。

　では，そもそも「地域の未来予測」とは何を指しているのでしょうか。

　総務省の定義によると，「それぞれの地域が，『目指す未来像』の議論の材料となる重要な将来推計のデータを，客観的かつ長期的な視点で整理したもので，以下の要件を満たしたもの」とされています。そして「以下の要件」というのは，

① それぞれの地域における行政需要や経営資源に関する長期的な（概ね15年から30年先までの）変化・課題の見通しを，客観的なデータを基にして整理したものであること。

② 分野横断的な指標として，各分野の推計の前提となる人口や人口構造の変化及び施設・インフラの老朽化等に関して長期的な将来推計を行ったものであること。

③ ②を踏まえて複数の分野についての長期的な変化・課題の見通しを整理したものであること。

となっています。

図表3-4 「地域の未来予測」のイメージ

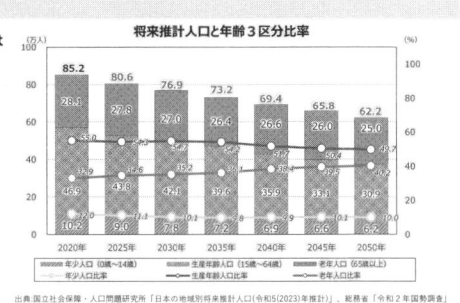

備後圏域「地域の未来予測」（抜粋）

人口

● 備後圏域の人口は、2030年には80万人を、2040年には70万人を下回り、2050年には62.2万人となる。
● 老年人口は、2020年以降減少傾向に転じる一方、老年人口比率は2020年以降も増加する。
　・ 圏域人口
　　2020年：85.2万人⇒2050年：62.2万人（27.0％減少）
　・ 老年人口
　　2020年：28.1万人⇒2050年：25.0万人（11.0％減少）
　・ 老年人口比率
　　2020年：32.9％⇒2050年：40.2％（7.3ポイント増加）

施設・インフラ

● 体育館やプール等では、多くの施設が2050年に竣工から61年以上経過する。
　・ 竣工から61年以上経過する施設の割合
　　体育館 ： 67.3％
　　プール ： 79.0％
　　テニス場 ： 52.0％
　　球場 ： 58.8％

※長寿命化に向けた工事の実施状況については考慮していない。

（出所）福山市「備後圏域『地域の未来予測』概要版

　「地域の未来予測」がTCFDシナリオ分析などと大きく異なるのは、「地域の未来予測」を作成すること自体が目的なのではなく、当該予測を踏まえて住民等も巻き込みながら「目指す未来像」を議論し、その結果を様々な政策や計画に反映することを重視している点です。つまり、「地域の未来予測」はあくまで議論のための素材に過ぎないのです。

　そのため、「地域の未来予測」のアウトプット自体は、「シミュレーション法」のモデル分析を活用して算出した予測数値の羅列に過ぎません。その数値からどのようなストーリーを導くのかは、後の総合計画等を検討する際の議論に任されています。

「地域の未来予測」の分野

　「地域の未来予測」にどのような分野を盛り込むかは、基本的に作成する地方自治体に任せられているのですが、報告書では、①人口、②施設・インフラ、③子育て・教育、④医療・介護、⑤公共交通、⑥衛生、⑦防災・消防、⑧空間管理、の分野を取り上げていますので、事実上、これらの項目について未来予測することが求められていると言えるでしょう。

（2）「地域の未来予測」の作成事例

　既に「地域の未来予測」を作成・公表している地方自治体の中から、新潟市と京都府北部地域連携都市圏の事例を取り上げたいと思います。

① 新潟市

　新潟市は人口81万人を擁する日本海側唯一の指定都市ですが、人口減少・少子高齢化に悩まされている点は、多くの市町村と変わりがありません。

　同市が「地域の未来予測」を作成したのは2022年3月で、次期総合計画（2023年〜2030年）に向けた議論を活性化するために、市の将来情勢を具体的・客観的に見るため、という目的がありました。

　次期総合計画をバックキャストの手法を用いて作成していくという意図が

しっかりと記述されているところに,「未来洞察」的なアプローチが感じられます。

　推計対象とした分野は,「人口」「医療・介護」「消防・防災」「衛生」「施設・インフラ」「交通」と,オーソドックスなものとなっています。

図表3-5　新潟市版「地域の未来予測」（概要）

作成事例（新潟市版「地域の未来予測」）

新潟市の概要
- ➢ 人口81万人・面積726km²で本州日本海側唯一の指定都市
- ➢ 周辺11市町村と新潟広域都市圏（連携中枢都市圏）を形成

作成の背景
① 人口減少・少子高齢化に適応したまちづくりの必要性
新潟市としても人口減少・少子高齢化を最重要課題として認識する中、総務省等での議論動向に注目
② 次期総合計画（2023〜2030年）策定に向けた議論
次期総合計画策定のための議論の材料として、新潟市における各種統計を整理する形で「地域の未来予測」を作成
（スケジュールの都合上、新潟市単独で作成）

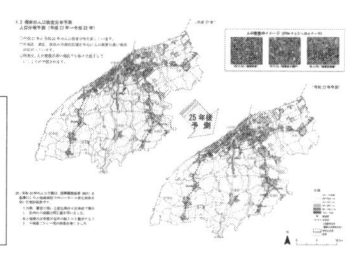

推計対象とした分野・指標

人口	医療・介護	医療需要・介護需要
将来推計人口	消防・防災	避難行動要支援者数
人口ピラミッド		救急搬送人員
0〜5歳児・3〜5歳児数	衛生	有収水量
小学生・中学生数		ごみ排出量
若年男女人口	施設・インフラ	公共施設等の更新時期・面積
高齢化率		橋りょうの老朽化割合
75歳以上・85歳以上人口	交通	交通輸送の需要量
地域別人口		年齢別各交通手段の利用者数

今後の活用
- ➢次期総合計画への反映
・バックキャスティングの考え方などを総合計画でも強調
・未来予測を踏まえた具体的施策を記載
・総合計画への反映を見据えることが、「地域の未来予測」作成に着手するきっかけに

（出所）総務省「『地域の未来予測』について」（2023年6月30日）

②　京都府北部地域連携都市圏

　京都府北部地域連携都市圏というのは,京丹後市・伊根町・宮津市・舞鶴市・綾部市・福知山市・与謝野町の5市2町を指し,これらが連携して2023年2月に「地域の未来予測」を作成しました。

　「地域の未来予測」は市町村単位での作成が基本ですが,推計データの入手が可能であれば（図表3-4で引用した福山市の備後圏域の未来予測のように）

市町村における一部の地域を単位として整理することもできますし，複数の市町村が共同で作成することも望ましいとされています。作成単位に関しても柔軟なのです。

同地域連携都市圏で「地域の未来予測」を作成しようとした目的は，連携事業の将来の持続可能性を探るためであり，今後の変化見通しを踏まえて，課題を共有化する意図がありました。

推計対象とした分野は，「人口」「施設・インフラ」「子育て・教育」「医療・介護」「衛生」「消防・防災」と，オーソドックスなものが並んだ後，「行政」の項目があり，2040年代の「行政職員数」と「技術職員数」が予測の対象となっています。「行政」の数値予測があることが，この「地域の未来予測」の最大の特徴ではないかと思います。

他の分野がいずれも住民側の「行政需要」の予測推計なのに対し，最後の

図表3-6　京都府北部地域連携都市圏「地域の未来予測」（概要）

作成事例（京都府北部地域連携都市圏「地域の未来予測」）

地域の概要
> 京都府北部5市2町（福知山市、舞鶴市、綾部市、宮津市、京丹後市、伊根町、与謝野町）で構成される連携都市圏（連携中枢都市圏ではない）

作成の背景
連携事業の取組展開に向けた客観的データの把握
長期的変化・課題の見通しについての客観的なデータに基づく連携事業の検討・展開が、圏域の持続可能性に資するという考え方から、「地域の未来予測」を作成

推計対象とした分野・指標

分野	指標	分野	指標
人口	将来推計人口	医療・介護	医療需要・介護需要
	人口ピラミッド		認知症有病者数
	年齢階層別人口移動の推移	衛生	有収水量
	若年男女人口		ごみ発生量
	高齢者数	消防・防災	避難行動要支援者数
	高齢者率		救急搬送人員
施設・インフラ	各種施設等の更新・位置情報	行政	行政職員数
子育て・教育	0～5歳児・3～5歳児数		技術職員数
	小学生・中学生・高校生数		

今後の活用
> **広域連携事業への反映**
- 「地域の未来予測」で明らかになった変化・課題の見通しを踏まえて、さらなる広域連携の取組を展開

- 水平連携による持続可能な圏域づくりを推進

（出所）総務省「『地域の未来予測』について」（2023年6月30日）

「行政」分野は「供給サイド」に立った数値予測であり，将来における需要と供給のミスマッチ状態を予測したうえで，今後どのような対策を検討していくかが具体的にわかるような建付けとなっています。

（3）今後の展開

　前述の新潟市や京都府北部地域連携都市圏のように，既にいくつかの地方自治体が独自の「地域の未来予測」の作成に取り組んでおり，筆者が確認しただけでも，2024年6月時点で11か所を数えています。11か所の内訳は，単独の市町村5か所，市町村の一部地域1か所，複数市町村5か所となっており，複数市町村で取り組むケースが比較的多い印象があります。

　しかし，総務省のワーキンググループから報告書が提出されたのが2021年であることを考えると，「地域の未来予測」作成の動きが大きく広がっていく様子があまり感じられません。

　そもそも「地域の未来予測」は，地域における議論の材料として，地域の実情に応じて，あくまで自主的な取り組みとして作成されるものであるという建前があるので，TCFDシナリオ分析のように義務感を伴ったものではありません。県から作成事業に対して補助金が出るところもあるようですが，それが大きなインセンティブになっているかは微妙なところであります。

　「地域の未来予測」を作成していない理由について，2022年に総務省がアンケート調査を行っています。寄せられた回答の主なものは以下のとおりです。

- 作成のイメージがわかないため，先進地として取り組んでいる地域について，事例を紹介いただきたい。
- 作成に関するノウハウが不足しているため。
- 地域の未来予測を広域で作成する手順がわからない。
- 地域の未来予測の必要性は感じるが，直近の業務にしか手が回らず，作成する余裕がない。

　これらの回答からは，総合計画等を担当する市町村の企画担当者が，「地域

の未来予測」を作成することの意義は強く感じるものの，ノウハウ不足や多忙ゆえに手が回らないといった苦渋の思いを抱えていることがわかります。

　しかし行政機関である以上，定期的に地域の総合計画を立案して住民に提示していくのは必須のミッションですから，今後は各地方自治体の計画立案のタイミングに応じて「地域の未来予測」に取り組むところは増えていくものと予想されます。求められているアウトプットは予測数値の羅列になりますが，そこから様々な発想を膨らませる検討素材になるのは確かなことです。

　首長が変わる等のタイミングと総合計画立案のタイミングが合致したときなどが，各地方自治体で独自に「地域の未来予測」に取り組む絶好のタイミングなのではないでしょうか。

Column

歴史を動かした未来予測③：小松左京『日本沈没』と東海地震

■日本初の本格的シミュレーション小説

　1973年の日本に「怪物」のような小説が登場しました。小松左京の『日本沈没』です。「SF界のブルドーザー」との異名をとる小松が，9年の歳月をかけて完成させた上下2巻にわたる大作で，地殻変動の結果1年間で日本列島が海底に沈むという壮大な構想と，プレート・テクトニクス理論を駆使した緻密な考証により，非常に読みごたえのある作品に仕上がっています。

　最終的には上下巻合わせて400万部近い販売部数を記録する超ベストセラーになり，映画化やテレビドラマ化もされ，ストーリーを知らない日本人はいないと言われるほど一世を風靡した作品です。

　前述のように1973年は第1次石油ショックの年で，狂乱物価やトイレットペーパー騒動のような経済パニックも起こり，人々の将来不安が最高潮に達した時期でした。結果としてですが，『日本沈没』は時代の雰囲気を象徴するような作品に成長していったのだと思います。

　小松が本当に描きたかったのは，国を失って放浪民族となった日本人の生き方だったと言われています。日本列島の沈没というSF的設定はそのための舞台装置にすぎず，日本初の本格的なシミュレーション小説に仕立てるのが小松の狙いでした。

■利用された『日本沈没』？

　ところで『日本沈没』が出版された1973年は，関東大震災の発生から50年目の節目に当たる年でもありました。作品の影響力が大きかっただけに，ある意味で日本人の中に大震災に対する恐怖心を改めて呼び覚ましたといってよいと思います。

　そのような雰囲気が冷めやらぬ1976年に，「東海地震説」が発表されました。この年，安政地震に関する新たな古文書が発見され，そこから推計した結果，駿河湾を震源とする大地震が30年以内に8割以上の確率で発生するというのがその内容です。マスコミも一斉に「東海地震が明日起きても不思議ではない」と報じました。

　この「予知」は明らかに世の中を動かしました。1975年に見直しがされていた第3次地震予知計画は，異例のことですが，翌年にすぐさま再見直しがなされ，地震予知連絡会に東海地域判定会が設置されました。そして1978年には「大規模地震対策特別措置法」が施行され，東海地震が起きた場合震度6弱相当以上の揺れになると推定される静岡，神奈川，山梨，長野，愛知，岐阜の6県などが「地震防災対策強化地域」に指定され，当地では東海地震に備えて「地震防災計画」を策定しなければならなくなり，自主的な防災組織の編成や避難訓練の定期的な実施，インフラや施設の整備など，広範な分野で社会の「改造」が図られることになったのです。

　また，地震の名称というのは発生した後につけられるのが通例なのですが，東海地震はまだ発生しないのに名称が付けられた過去にないケースでした。様々な意味で東海地震は異例づくし・特別扱いの地震です。

　確かに東海地方は日本の大動脈ですので，このエリアが大地震で甚大な被害を受けたら，人的・物的・経済的損失には計り知れないものがあります。それだけに重視されたのも無理からぬことではありますが，筆者は東海地震説がここまで影響力を持った理由の1つに，『日本沈没』の存在があったのではないかと考えています。『日本沈没』は決して東海地震の発生を予知して書かれた作品ではありませんが，物語の冒頭に小笠原諸島の無人島の海底沈没や伊豆半島付近での地震など，東海地震を髣髴させる描写がありますので，為政者や科学者も例外ではなく，自ずと小説や映画のイメージを想起したのではないでしょうか。

　ところで，1976年に東海地震説が発表されてから，そろそろ50年が経とうとしています。「30年以内」と言われた発生時期を大幅に過ぎており，「東海地震は幻の地震。明日起きたら不思議だ」と学者からも皮肉られているのも事実です。だからといって，気を緩めてよいということにはなりませんが。

　ただ，東海地震の予知に余りにも予算や人員を投入しすぎたのか，他の地域の観測等が疎かになり，阪神・淡路大震災（1995年）や岩手・宮城内陸地震（2008年），

熊本地震（2016年），能登半島地震（2024年）などノーマークの地域に大震災が発生して甚大な被害をもたらしたことを忘れてはならないと思います。

　ちなみに，東日本大震災（2011年）は，決してノーマークの地震ではなかったのですが，日本の観測史上最大級（世界の観測史上でも4番目）という巨大地震であったため，被害の程度が想像を絶する事態となったのは記憶に新しいことです。

第**4**章
実践「未来推理法」

　本章では，既存の文献資料で収集可能な，未来予測に活用できる主要なスキャニング・マテリアル7分野を紹介したいと思います。なお，本文中特に断りがない限り，予測データ等は日本国内のものを紹介しているとご理解ください。

1　人口動態

（1）日本の総人口・世帯数の予測

人口予測こそ全ての未来予測の基本

　未来予測といって誰もが真っ先に思い浮かべるのは人口予測でしょう。18世紀に書かれたトマス・マルサスの『人口論』以来，人口問題は人々の最大の関心事となってきました。今日，人口動態は企業にとっては将来の市場動向や労働力確保に直結しますし，行政にとっては社会福祉をはじめとする公共サービスの質量を左右する大問題です。

　マルサスは人口増加と食糧増産のアンバランスが引き起こす危機に警告を発しました。今日でも発展途上国では依然として「人口爆発」の危機に直面していますが，先進国では少子高齢化に伴う「人口減少」が逆に大問題となっています。人口減少が急速に進む日本では，超長期的には「国の消滅」という事態まで予測されています。

日本の人口問題：「高齢化」か「少子高齢化」か

　ところで，日本の人口問題の特徴を端的に表現する言葉として，現在では「少子高齢化」が一般的ですが，筆者がNRIに入社して研究員・経営コンサルタントして働き始めた1980年代に，この言葉はありませんでした。日本の人口問題の特徴を「高齢化」の一言で説明していたのです。

　そもそも「高齢化」とは，65歳以上の高齢者人口が総人口の中で占める比率が高くなってきている状態を言い表す言葉であり，その要因として「少子化」と「長寿化」に分解して説明されていました。つまり，「高齢化＝少子化＋長寿化」であり，「高齢化」という言葉に「少子化」の意味が包含されていたはずなのです。

　ちなみに，65歳以上の高齢者の比率が7％を超えると「高齢化社会」，14％を超えると「高齢社会」，21％を超えると「超高齢社会」と呼ばれますが，日本は1970年に「高齢化社会」に突入し，1994年に「高齢社会」に，そして2007年に「超高齢社会」に突入しました。筆者が若手だった頃は，まさに「高齢化社会」という言葉で日本の人口問題を説明していた時代でした。

　一方，「少子化」という言葉がにわかに注目されるようになったきっかけは，1990年の「1.57ショック」です。合計特殊出生率が戦後最低であった1966年の1.58を下回ったことにより，出生率がこれ以上上昇せず人口減少という未曽有の危機が誰の目にも明らかになってきたからです（1971年から1974年に第二次ベビーブームという「人口ボーナス」があったため，その後の出生率低下がさほど大きな問題として認識されていませんでした）。

　実際に「少子化」という言葉が公的な文書に使われ始めたのは1992年の『国民生活白書』からで，以来，「少子高齢化」という言葉が社会に定着しました。

日本の人口予測は「将来人口推計」が定番

　日本の人口予測については，「国立社会保障・人口問題研究所（IPSS）」が定期的に実施している「将来人口推計」が定番資料です。2023年4月に発表された「令和5年推計」が最新版で，2020年の国勢調査の結果をベースにして，

2021年から 2070年までの人口を基本推計対象としています。その他，長期参考推計として2071年から2120年までの予測値が付記されています。

　総人口に最も大きな影響を及ぼすのが前述の出生率であり，「将来人口推計」では毎回，長期の合計特殊出生率を高めに設定した「高位推計」，低めに設定した「低位推計」，その中間の「中位推計」の3種類の数値を推計しています。このデータを引用する場合は，「中位推計」の数値を使用するのが一般的です。

　IPSSは「将来推計人口」について，全国版と地域別（都道府県・市区町村）の2種類を発表していますので，企業や地方自治体などが未来予測をする際に目的に応じて様々な角度から利用できる基礎資料となります。筆者が「NRI未来年表」を制作していたときも，真っ先に「将来人口推計」の最新データから主要なデータをピックアップしてプロットしていました。

約30年後には日本の総人口は1億人を下回る

　それでは，2100年の未来に向けて日本の人口動態がどのようになっていくのか，「将来推計人口」全国版から読み取れる主な変化を追ってみたいと思います。

- 2027年　日本の高齢化率が30.0%に
- 2031年　総人口の平均年齢が50歳を超える
- 2031年　年間死亡数が161万人と，2021年より約16万人増加
- 2032年　生産年齢人口（15〜64歳人口）が7,000万人を割る
- 2034年　年少人口（0〜14歳）比率が10%に
- 2035年　100歳以上の人口が21.7万人に
- 2040年　年間死亡者数が約167万人とピークに達する
- 2040年　平均寿命は男性が約84歳，女性は約90歳に
- 2043年　老年（65歳以上）人口が3,953万人でピークを迎え，その後減少に転じる
- 2043年　年間出生者数が70万人を下回る

- 2043年　生産年齢人口（15〜64歳）が6,000万人を割る
- 2045年　日本の総人口が1億880万人に
- 2050年　日本の総人口が1億469万人に
- 2050年　日本の高齢化率が37.1％に
- 2050年　100歳以上の人口が約47万人に
- 2056年　日本の総人口が1億人を割って9,965万人に
- 2062年　生産年齢人口が4,975万人に
- 2065年　日本の高齢化率が38.4％に
- 2065年　平均寿命は男性が約86歳，女性は約92歳に
- 2067年　100歳以上の人口が約50万人に
- 2070年　日本の総人口が8,700万人に
- 2100年　日本の総人口が6,278万人に

　こうして見ていると，日本の人口規模イメージというのは随分と短期間で変わってきたという印象を拭えません。

　1967年に日本の総人口が1億人を突破し，1974年に1億1,000万人，1984年に1億2,000万人と，ほぼ10年ごとに1,000万人ずつ増加していきました。まさにこの年，郷ひろみの『2億4千万の瞳－エキゾチック・ジャパン－』（1984年）がヒットし，その後の総人口は比較的安定的に推移したため，「日本の総人口は1億2,000万人」というのが日本人の常識として定着していたと言えるでしょう。

　しかし，2004年に1億2,784万人でピークを迎えた後は急速に減少が始まっています。今（2024年）から21年後の2045年には1億880万人と1億1,000万人を割り込みますし，32年後の2056年には1億人を割って9,965万人になると予測されています。今度は10年ごとに1,000万人ずつ減少していくのです。そして2100年には6,278万人と，ピーク時の半数以下となってしまいます。

　これだけ急速に人口が増加し，また急速に減少していく国は歴史上存在しません。「少子高齢化」という言葉は大部分の日本人の意識にのぼっているはず

ですが，実際の数字イメージをどれだけの人が意識しているでしょうか。

日本で未来予測をする場合は，この急速な人口増減を常に意識しておく必要があります。

図表4-1 日本の総人口の長期的推移（実測値・予測値）

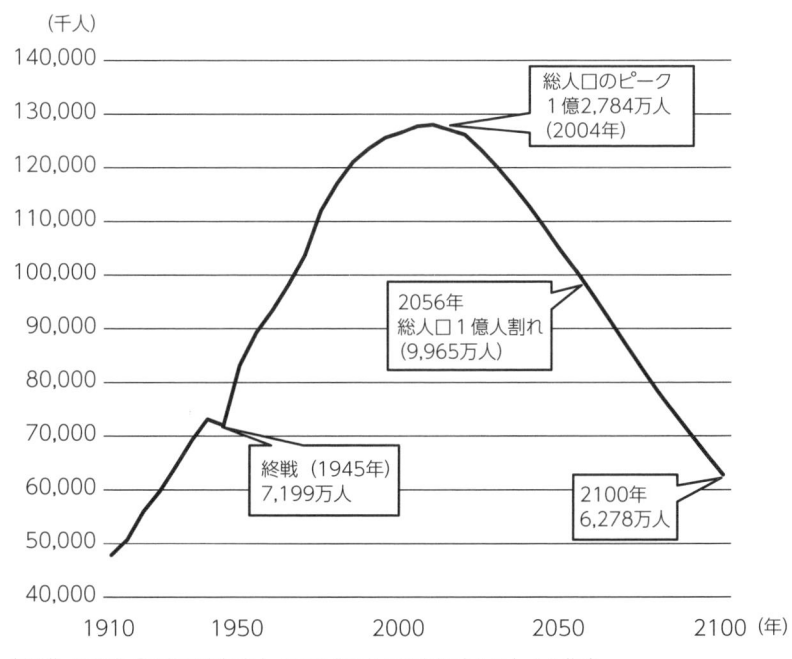

（出所）総務省「国勢調査報告」，IPSS「日本の将来推計人口」より作成

世帯数：2050年には約45％が「一人暮らし世帯」に

日本で様々な予測をする場合，人口に次いで重要なのが「世帯数」だと言われてきました。企業が新商品・新サービスをリリースしようとして，その需要予測をする場合など，まず検討しなくてはならないのが「世帯普及率」だったからです。

これも昔話になってしまいますが，かつて筆者が企業から新商品・新サービスの需要予測の依頼をされたとき，まず確認したのが過去の商品・サービスの

世帯普及率の推移でした。「普及カーブ」が知りたかったからです。

　図表4-2を見てもらうとわかるとおり，普及カーブというのは商品によって随分違うものです。商品のリリースと同時に爆発的に普及していくものと，それなりに時間をかけて徐々に普及していくもの等，商品の性質によって普及カーブのタイプにいくつかのパターンがあるのがわかります。

　つまり筆者が需要予測の際に考えていたのは，当該新商品・新サービスの普及曲線がどのような形状になるかということです。過去の商品・サービスの性質と対比させて，当該新商品・新サービスが直線回帰的に普及していくのか，ロジスティック曲線を描くのか等を判断しようとしたのです。

図表4-2　主要耐久消費財の世帯普及率の推移（1957年〜2024年）

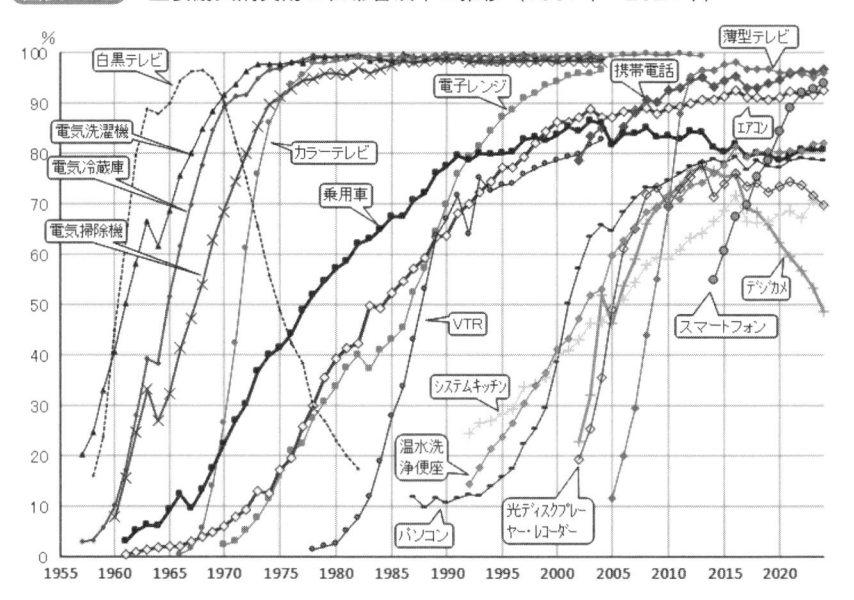

（注）二人以上の世帯が対象。1963年までは人口5万人以上の都市世帯のみ。1957年は9月調査，58〜77年は2月調査，78年以降は3月調査。05年より調査品目変更。多くの品目の15年の低下は調査票変更の影響もある。デジカメは05年よりカメラ付き携帯を含まず。薄型テレビはカラーテレビの一部。光ディスクプレーヤー・レコーダーはDVD用，ブルーレイ用を含む。カラーテレビは2014年からブラウン管テレビは対象外となり薄型テレビに一本化。
（資料）内閣府「消費動向調査」

　世帯数を気にするのは企業だけではありません。政府や地方自治体も同様です。政府が定額減税を実施したり，地方自治体が給付金を支給したりする対象が世帯単位であることからもわかるように，日本では「世帯」というのが様々な経済活動・社会活動の基本となっているからです。

　日本の将来の世帯数については，人口と同様に，IPSSが「日本の世帯数の将来推計（全国推計）」を定期的に実施しています。最新版は2024年推計です。人口が2120年までの超長期予測をしているのに対し，世帯数は2050年までの数値となります。

　その推計結果から，主だった予測数値をピックアップすると次のようになります。

- 2030年　一般世帯（寮や施設入所者等を除く世帯）数が約5,773万世帯とピークを迎える
- 2036年　一人暮らし世帯（単独世帯）数が約2,453万世帯とピークを迎える
- 2040年　一般世帯数は2030年比約3％減の約5,608万世帯に
- 2040年　一人暮らし世帯は2,441万世帯と全世帯の43.5％となり，75歳以上の1人暮らしも610万世帯に
- 2050年　一般世帯数は2030年比約9％減の約5,260万世帯に
- 2050年　一人暮らし世帯は2,330万世帯と全世帯の44.3％となり，75歳以上の1人暮らしも704万世帯に

　まとめると，人口減少時代に入ったにもかかわらず日本の世帯数は当面増加し続け，その後緩やかに減少していきます。つまり平均世帯人員数が減少し続け，2033年で1.99人と2人を割り込み，2050年時点では1世帯当りの人数は1.92人となります。その頃の「一人暮らし世帯」の割合は全世帯数の約45％，ほぼ2軒に1件は「一人暮らし世帯」なのです。しかも，その「一人暮らし世帯」の約3割は75歳以上の高齢者のみの世帯となります。

　将来的には限りなく「一人暮らし世帯」ばかりの国になっていき，しかも高齢者で溢れている，というイメージが浮かんできます。

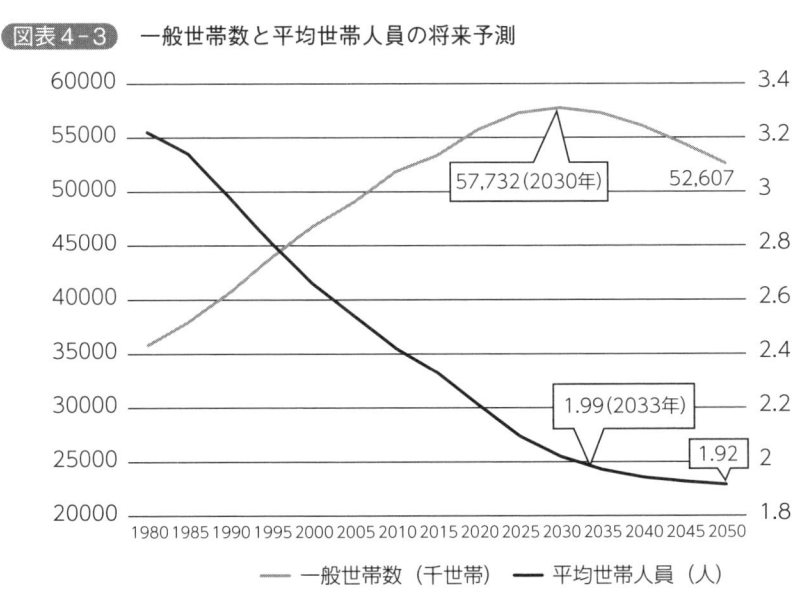

図表4-3　一般世帯数と平均世帯人員の将来予測

（出所）IPSS「日本の世帯数の将来推計（全国推計）」より作成

　このように，人口や世帯数だけから未来を展望しても，企業や政府・地方自治体は世帯単位での普及ということを諦めるしかないという結論にしかなりません。

　企業においては商品・サービスの「世帯普及率」という考え方を捨てて，「個人普及率」にシフトしたマーケティング戦略が必要になるでしょう。実際問題，図表4-2に登場する大型の新商品にしても，スマートフォンは世帯財というより個人財ですから，企業の商品開発戦略から世帯財という考え方がなくなっていくかもしれません。

　政府・地方自治体においても，将来に向けて世帯単位での把握が難しくなっていく，あるいは意味がなくなっていくのが必至といえるでしょう。政府がマ

イナンバーカードの普及を血眼になって推進しているのは，最終的には「世帯単位の管理」から「個人単位の管理」へと切り替えていかないと行政機構が持たないという危機感があるからなのかもしれません。

図表4-4　日本の将来推計人口・世帯数のデータリスト

国立社会保障・人口問題研究所：将来推計人口・世帯数
https://www.ipss.go.jp/syoushika/tohkei/Mainmenu.asp

（2）世界の将来推計人口

2061年に世界の人口は100億人を突破

　世界の将来の人口推計については，国際連合（UN）の「世界人口見通し」（World Population Prospects）が最も一般的です。UNの人口推計データからは，世界各国の総人口，出生，死亡，移住等の予測数値がわかります。2024年7月に発表されたものが最新版です。

　その推計結果から，主だった予測数値をピックアップすると次のようになります。

- 2029年　世界の人口が約85億人に到達（2024年：約82億人）
- 2037年　世界の人口が約90億人に到達
- 2047年　世界の人口が約95億人に到達
- 2050年　日本の人口が世界第17位に（2024年は第12位）
- 2053年　パキスタンの人口が米国を抜いて世界第3位に
- 2054年　アジアの人口が約53億人でピークに
- 2057年　ナイジェリアの人口が米国を抜いて世界第4位に
- 2061年　世界の人口が100億人に到達
- 2062年　インドの人口が約17億人でピークに（1月時点）
- 2067年　アフリカの人口が世界人口の約30%を占める（2023年：約18%）

- 2084年　世界の人口が約103億人でピークに
- 2100年　世界の人口が約102億人に
- 2100年　日本の人口が世界第33位に

　現在（2024年）の世界人口は約82億人です。今後，今世紀後半までの約60年間は増え続けますが，2084年に103億人でピークを迎え，今世紀末には102億人に落ち着くと予測されています。

21世紀後半はアフリカが人口大国に

　2024年時点での世界の人口ランキング・ベスト10（＋日本）は以下のとおりです。インドと中国という人口14億人台の２大人口大国がトップ２に君臨し，３位の米国以下は軒並み億単位一桁の人口にとどまっています。

　それにしても，上位10か国のうち５か国がアジアの国々で占められているのですから，アジアが世界の人口の６割近くを占めている世界の現状がうかがわれます。日本も現時点では12位と，かろうじて「人口大国」の一端に位置していると言えますが，人口が６千万人台になる2100年には33位まで後退するものと予測されています。

図表4-5　2024年時点での世界の人口ランキング・ベスト10（＋日本）

1位	インド（アジア）	14億4,170万人
2位	中国（アジア）	14億2,520万人
3位	米国	3億4,180万人
4位	インドネシア（アジア）	2億7,980万人
5位	パキスタン（アジア）	2億4,520万人
6位	ナイジェリア（アフリカ）	2億2,920万人
7位	ブラジル（南米）	2億1,760万人
8位	バングラディシュ（アジア）	1億7,470万人
9位	ロシア	1億4,400万人
10位	エチオピア（アフリカ）	1億2,970万人
12位	日本（アジア）	1億2,260万人

（注）日本の数値は国連統計からの引用なので，「国勢調査」等の数値とは必ずしも一致しない。

　2023年に，インドがそれまで世界人口で1位だった中国を抜いて1位に躍り出た後，2024年に中国との差を1,650万人広げています。この先，高齢化が進む中国では人口が減少する傾向にあるため，インドと中国の差はますます広がっていくものと考えられます。

　このように今後の世界は，急速な人口増加に見舞われている国・地域と，人口減少に直面している国・地域との差が広がっていく傾向がより顕著になります。2024年時点で，中国・ドイツ・日本・ロシアを含む63か国・地域で人口が既にピークに達しており，このグループに関して次の30年間で人口が14％減少することが予測されています。いわゆる先進国は，押し並べてこの先急激な人口減少に悩まされることになるのです。

　その中にあって，米国は先進国で唯一，今後も人口増加が続く国で，2100年には4億2,000万人を超えると予測されています。しかし，その米国でさえ2053年にパキスタンに抜かれて第4位に，そして2057年にはナイジェリアに第4位の座を抜かれるものと予測されており，21世紀後半になると，アフリカの人口増加が速くなります。アンゴラ・中央アフリカ共和国・コンゴ民主共和国・ニジェール・ソマリアを含む9か国では，2024年〜2054年に人口倍増が予測されています。

注目すべきイスラム人口の増加

　これまで国連の人口推計からデータを引用してきましたが，1つだけ国連以外の機関の予測数値をお知らせしたいと思います。

- 2070年　イスラム教徒とキリスト教徒の世界人口に占める割合が，それぞれ32.3％でほぼ拮抗

　この予測は，米国の民間調査機関ピュー・リサーチ・センター（Pew Research Center）が出したものです。同機関は人種や宗教といったカテゴリー別の調査や予測を数多く実施しており，国連の統計や予測ではカバーしきれていない

部分を補ってくれています。

　ここであえて未来予測に宗教のことを持ち出したのは，世界の人々の価値観が今後どのようになっていくかについて思いを馳せてほしいからです。宗教や信仰心というのは価値観の根源にあるもので，その「多様性（ダイバーシティ）」を念頭に置いておかないと，様々なデータの解釈に不都合が生じてしまいます。

　この後，「8．地政学リスク」のところで述べますが，昨今の「イスラエル紛争」の深刻化からもわかるとおり，世界情勢を展望するうえで宗教問題は避けて通れません。日本人は元々宗教に疎いところがあり，特にイスラム教とは縁遠く，なかなかイメージを掴みにくいところがあります。しかし，それであると未来の世界情勢を見誤る恐れがありますので，人口予測の段階から世界の宗教分布を意識して見る必要があると思われます。

図表4-6　世界の将来推計人口のデータリスト

国際連合：世界の将来推計人口	https://population.un.org/wpp/
ピュー・リサーチ・センター	https://www.pewresearch.org/

2　環境・エネルギー

（1）気候変動を中心とした環境問題

扱いを慎重にしていた環境予測データ

　かつて「NRI未来年表」を制作していたときの体験です。制作開始前に，様々な未来予測データを一気に収集するのですが，単純に「未来予測」でネット上を検索してみると，出てくるのは環境問題関連のデータばかりという印象がありました。人口予測や経済予測など，未来予測の他の定番データが埋もれ

てしまうほどです。

　気候変動関連の予測データといえば，「気候変動に関する政府間パネル（IPCC）」のものが定番ですが，それ以外にも国連環境計画（UNEP）等の国際機関，各国の政府・大学・研究機関，個人の研究者なども積極的に情報発信をしており，実に様々なデータが集まってきてしまうのです。それらの情報を真面目に掲載していたら，環境問題だけで「NRI未来年表」の紙面が一杯になってしまうほどでした。

　博報堂生活総合研究所（生活総研）も，NRIと同様「未来年表」を制作・公開しています。かつては書籍の形で刊行していましたが，現在は同社のサイト上でデータベースのスタイルで運用がなされています。リアルタイムで情報の修正が可能となるので，いつでも最新の未来予測データ（トピックの見出しのみですが）を閲覧できます。

　生活総研の「未来年表」は，「人口」「社会」「経済」「技術」など12の分野に分けて18,750のデータ（2024年12月時点）を掲載していますが，そのうち「環境」と「資源」の両分野の合計が5,468件であり，全体の約3割を占めています。やはり，当該分野の情報発信量が非常に多いということが，ここからも裏づけられます。

　こうした情報量の問題に加えて，かつて筆者は環境関連の予測データにある種の警戒感を持っていました。そもそも地球環境問題は，「CO_2に代表される温室効果ガスの影響で地球の温暖化が進む」という大前提から出発しています。それを裏づける実測データがある一方で，依然として否定的なデータも多数存在し，科学的な裏づけが十分かと言われると，必ずしもそうではありません。コラム⑥で述べるように，地球環境問題の「伝道者」が米国副大統領を務めたアル・ゴアであったことも手伝って，環境活動家の思想，様々な利権，科学者の功名心など複雑な思惑が混じり合ったものであり，純粋に科学的根拠に基づく予測というわけにはいかなかったからです。

　したがって，かつては紙面が限られている「NRI未来年表」に環境分野の予測データをあまり採用していませんでした。

「カーボンニュートラル宣言」で状況が一変

　こうした事情が一変したのが，2020年の菅内閣による「2050年カーボンニュートラル宣言」です。日本は2050年までに温室効果ガスの排出を全体としてゼロにすることを目指し，その途中経過として2030年には，2013年比で46%削減するという野心的な目標を掲げました。これは国際公約であり，このときからカーボンニュートラルは日本全体の「必達目標」となったのです。

　こうなると日本人は生真面目ですから，目標を達成するために死に物狂いで頑張るところがあります。期限が迫ってくると，言い方は悪いですが，中身を伴わなくとも形だけは整えてくる「癖」もあります。カーボンニュートラルにまつわる様々な施策や計画は，予定どおりに達成されてくるようになるでしょう。これほど確実な「未来予測」はありません。

　実は，環境問題の未来予測で重要なことは，平均気温が何度上昇するか，という物理的な現象よりも，それを踏まえて何が起こるか，何をするようになるのか，ということのほうにあります。

　こうした事情を踏まえて，主としてIPCCの推計結果と各国政府の必達目標から，主だったものをピックアップすると次のようになります。

- 2026年　　　　世界初の国際炭素税の本格適用を開始（EU）
- 2026年度　　　排出権取引制度が本格稼働（日本）
- 2028年度　　　化石燃料賦課金の徴収を開始（日本）
- 2030年　　　　温室効果ガスを1990年比で最低55%削減（EU）
- 2030年　　　　温室効果ガスの実質的な排出を2005年比50〜52%削減（米国）
- 2030年度　　　温室効果ガスを2013年度比46%削減（日本）
- 2030年までに　ゼロエミッション車が乗用車と小型トラック新車販売比率の50%以上に（米国）
- 2035年　　　　ガソリン車・ディーゼル車の販売を段階的に廃止（EU）
- 2035年までに　ガソリン車・ディーゼル車の販売禁止（英国）

- ●2035年　　　　従来のエネルギー乗用車を全てHVに（中国）
- ●2035年　　　　再生可能エネルギーに占める電力比率100%の目標達成（独）
- ●2035年までに　カリフォルニア州とニューヨーク州でガソリン車の新車販売を禁止（米国）
- ●2035年までに　欧州エアバス，世界初の「ゼロエミッション航空機」を実用化
- ●2035年までに　温室効果ガス排出量を1990年比で78%削減（英国）
- ●2035年までに　電力部門でのCO^2排出ゼロを達成（米国）
- ●2035年までに　乗用車新車販売における電動車比率が100%に（日本）
- ●2035年以降　　全ての新車がゼロエミッション車に（EU）
- ●2040年　　　　世界の平均気温が産業革命時（1850〜1900年の気温を基準）に比べ約1.5度上昇
- ●2040年　　　　半導体・情報通信産業のカーボンニュートラルが実現（日本）
- ●2045年までに　温室効果ガスの排出量ゼロを達成（スウェーデン）
- ●2050年　　　　温室効果ガス実質ゼロ達成（英・仏）
- ●2050年までに　温室効果ガス排出量を実質ゼロに（日本）
- ●2060年までに　温室効果ガスの排出量を実質ゼロに（インドネシア）
- ●2066年頃　　　南極オゾン層，1980年の水準に回復

　ここに掲げたものの中で「予測」に分類されるのは，2040年の世界の平均気温のことと，2066年頃の南極オゾン層のことであり，残りの多くはいわゆる必達の「政策目標」に該当するものです（各種予測資料の中にしばしば見られる「予測」「計画」「目標」等の違いについては，第5章で詳述します）。

　現時点では，日本も欧米もカーボンニュートラルに向けた歩みを着実に進めていくという意思が感じられるのですが，これらの「必達目標」とて，政治情勢や経済情勢次第でブレてくることは多分にあります。例えば，英国でのガソ

リン車，ディーゼル車の販売禁止は現在では「2035年までに」となっていますが，そもそもジョンソン元首相がこの方針を打ち出した時点（2020年）での期限は「2030年」だったのです。それが，その後の経済情勢の激変（ウクライナ紛争の影響が大）で，スナク前首相が2023年に5年間の延期を表明したという経緯があります（2050年のカーボンニュートラル達成の旗は降ろしていません）。このように，カーボンニュートラルに向けた歩みが各国とも必達目標であったとしても，それは容易に変わりうるものだということは常に念頭に置いておかなくてはいけないと思います。

　しかし，TCFD情報開示のシナリオ分析の際に，そのような想定をするのはなかなか難しいので，とりあえずはこうした公式見解を「鵜呑み」にしておくしかありませんが，実質本位で未来予測をする場合には注意が必要なところです。

図表4-7　気候変動のデータリスト

気候変動に関する政府間パネル（IPCC）： 第6次評価報告書	https://www.ipcc.ch/report/sixth-assessment-report-cycle/

　冒頭に記したように，気候変動関連のデータは数多くあります。第3章で紹介したTCFD情報開示に関する「実践ガイド」には一覧表で実に多くのデータソースが紹介されていますので，ご関心のある方は是非そちらもご参照ください。

（2）エネルギー需給

エネルギー需給は「経済」より「政治」そのもの

　筆者が小学生だった1970年代，「原油の埋蔵量はあと30年」という話をよく聞いたものです。今思い返すと，この言葉は，有限な資源だから無駄遣いせずに大切に使いましょうという省エネの戒めに使われたり，原油枯渇に備えて代替エネルギーの開発を進めなくてはいけないという話に持っていく前振りだっ

たような気がします。

　しかし，それからもう50年近くが経ちました。原油はまだ枯渇せず，それどころか2020年時点での可採年数はあと53.5年と言われています。

　なぜ原油は枯渇しないのか。原油の可採年数というのは，技術と経済で決まるからです。「原油の埋蔵量はあと30年」と言われていた時代は，その時点で発見されている油田から，その当時の技術で採掘可能な原油の量をベースに年数が見積もられていました。さらに，その当時の世界の経済情勢＝原油需要が固定的であるという前提を加味しての計算になります。

　しかしその後，油田を発見するための観測技術や採掘技術の進歩により，1970年代よりはるかに多くの油田から多量の原油が採掘できるようになりました。代表的なものが，米国を中心に採掘が進むシェールオイルです。シェール層という地層から原油や天然ガスを効率的に採掘する技術が2000年代に急速に発展し，2010年代以降は米国の原油生産量が急増，2017年にはロシアやサウジアラビアを抜いて世界一の産油国になりました。

　ここまでは技術的な話でしたが，実際の石油需給というのは極めて政治的，経済的な影響を受けやすいものです。1973年の第1次石油ショックは，イスラエルを支持する西側諸国に対する経済制裁としてOPEC湾岸諸国が原油の禁輸措置をとったことが引き金になって起こりました。石油が「武器」になったのです。

　これ以降，原油はアラブ諸国の政治的駆け引きの道具に使われることが多くなりました。他方で，ウクライナ紛争の際はロシアに対する経済制裁の一環として，西側諸国はロシアからの原油輸入制限を図るなどしたため，どの時代でも石油需給は政治情勢に翻弄されます。

　また，世界的に不景気な時期になると経済活動の低下に伴い原油消費量が減少するので，生産量にも影響を与えます。

　このように，石油需給に関しては極めて政治的・経済的要素が強く影響を及ぼすので，それが原油の可採年数の増減をもたらします。

カーボンニュートラルを受けて石油需要は減るはずだが…

　石油やその他のエネルギー関係の未来予測については，国際エネルギー機関
（IEA）のデータが定番です。石油需給だけでなく，原子力や太陽光，風力な
どの再生可能エネルギーまで幅広くカバーしています（IEA以外のデータは末
尾に出所を記しています）。

- 2030年　　　　世界の石油需要が日量1億170万バレルに（2023年：
　　　　　　　　9,910万バレル）
- 2030年までに　中国，原子力発電設備容量で米国を抜き世界1位に
- 2030年までに　全国の地熱発電施設が2019年時点の約60施設から倍増
　　　　　　　　（環境省）
- 2030年度までに　国・地方公共団体が保有する設置可能な建築物等の約
　　　　　　　　50%に太陽光発電施設を導入（環境省）
- 2030年頃　　　液化水素・水素発電が商用化（エネ庁）
- 2030年頃　　　バイオジェット燃料が商用化（NEDO）
- 2030年度　　　再生可能エネルギーの電源比率が36〜38%，原発の電
　　　　　　　　源比率が20〜22%（エネ庁）
- 2035年　　　　国際熱核融合実験炉（ITER），フランスで核融合運転
　　　　　　　　を開始（ITER機構）
- 2040年　　　　水素供給が1,200万トン（2022年：200万トン）（エネ庁）
- 2040年　　　　国・地方公共団体が保有する設置可能な建築物等の
　　　　　　　　100%に太陽光発電施設を導入（環境省）
- 2040年までに　英国，世界初の専用核融合炉発電所を稼働
- 2050年　　　　太陽光と風力が世界の総エネルギー供給の70%を占め
　　　　　　　　る
- 2050年　　　　世界の石油需要が日量9,310万バレルに
- 2050年までに　中国，世界の原子炉群の3分の1を占める
- 2050年までに　世界の最終エネルギー消費に占める電力の比率が2023

年の20％から40％超に上昇

（注1）「エネ庁」は資源エネルギー庁を指す。
（注2）「NEDO」は国立研究開発法人新エネルギー・産業技術総合開発機構を指す。

　ここから導かれるストーリーは，2050年に向けて先進各国がカーボンニュートラルを推進する結果，化石燃料である石油需要は減少していき，代わって再生可能エネルギーがその地位に就く，というものです。原子力に関しては，先進各国が一様に「脱原発」を進めることで，中国の存在感が飛躍的に高まってきます。2050年までに，世界の原子炉群の3分の1が中国で稼働しているという予測がIEAから提示されているほどです。

　こうしたシナリオは一応理解できるとしても，現実の歩みを見ていると，必ずしもこのように動くかという点について首を傾げざるを得ません。

　まず，太陽光にせよ風力にせよ，再生可能エネルギーは火力発電等に比べて発電効率は著しく悪く，しかも発電量が安定しないため，「質の悪い電力」と言われています。2050年に化石燃料や原子力に代わるエネルギー源となることについては懐疑的に考えざるを得ません。

　そして，日本やドイツは「脱原発」が進展し過ぎて，明らかに電力不足に陥っています。殊に日本では現在，生成AIブームの影響で各地に大電力を必要とするデータセンターの建設計画が進んでいますが，建設されてしまうと当該地域の電力需要の3分の1も消費してしまうものもあります。現実問題として，東日本大震災の影響で停止させた原発の再稼働を実施しないと，各地で大停電が発生してしまう恐れがあり，日本の地域社会や産業基盤が崩壊しかねません。

　ドイツは日本よりもいち早く原発を停止させていましたが，2022年にロシアから安価な天然ガスを輸送していたパイプライン，ノルドストリームが何者かに破壊されてしまったため，ドイツ国内は深刻なエネルギー不足に陥ってしまいました。すると，世界一の競争力を誇っていたはずのドイツの自動車産業は急激なコスト高に襲われ，競争力が著しく低下してしまい，その煽りを受けて現在のドイツ経済は未曽有の危機的状況にあります。盤石だったはずのドイツ

経済が，いかにロシアからの安価なエネルギーに依存していたかを如実に物語っています。

このように，日独という経済大国の脱原発の動きに再考を促す経済情勢が現れています。原発再稼働ならば，カーボンニュートラルの方針にも反しないため，それを推進するドライブは今後ますます強まるでしょう。

他方で，カーボンニュートラルの方針には反しますが，「背に腹は代えられない」とばかり，火力発電所を新設・増強して電力不足を補おうとする考え方も急浮上しています。各国のエネルギー事情は，未来に向けても政治・経済事情に左右される面はなくならないでしょう。

図表4-8 世界のエネルギー関連のデータリスト

国際エネルギー機関（IEA）	https://www.iea.org/

3　インフラ整備

かつては「鉄板」の未来予測であったが…

2020年より前の話ですが，「NRI未来年表」を作成する際に，人口予測に次いで筆者が重視していたのがインフラ整備の動向でした。

かつての日本においては，高速道路や鉄道，空港や港湾のような交通インフラ整備，巨大な建造物を中心に据えた都市開発などは，まず計画に狂いはなく進行するというのが「常識」でした。筆者が「NRI未来年表」を制作し始めたのは，まだそのような雰囲気が感じられる頃でしたから，様々なインフラ整備の計画をプロットしておくと，それだけで年表のかなりの部分が占められるという状況でした。

しかし昨今では，こうした「常識」が通用しなくなっています。その理由の1つは予算不足です。インフラ整備は国や地方自治体の予算を中心に執行され

ることが多いため，公共事業全体の予算が削減・縮小される中にあって，当初の予定どおりに工事等が進捗しなくなってきました。民間主体の計画についても同様です。景気低迷が長引く中で資金調達が困難になり，当初の計画を変更ないしは中止に追い込まれるものも目立ってきました。

　2つ目の理由は，各種の権利調整がますます困難になっていることです。大規模なインフラ整備になるほど，様々な利害関係者との調整が必要になります。工事中あるいは運用後の環境激変に伴う環境問題，農業・漁業等に対する補償問題，地権者との利害調整，許認可権を持つ行政機関との交渉等々，開発主体の負担は年々高まっていると言えます。

　こうした利害調整に苦しんだ（苦しんでいる）最近の事例として代表的なものが，「リニア中央新幹線」です。整備計画が決定したのが2011年，品川－名古屋間の建設許可が下り工事に着工したのが2014年で，当初は2027年の開業を目指していました。しかし，工事ルートに当たる各県で環境問題に対する影響懸念から工事差し止め訴訟が何件も提訴されたり，用地買収の難航で工事の進捗は着工の早期から遅れ気味でした。

　とりわけ，最も重要な静岡県内の建設工事については，工事に伴う大井川の流量減少に対する懸念を巡って，工事の許認可権を持つ当時の県知事が態度を硬化させたため大きな政治問題に発展し，知事が交替する2024年4月まで実質的な交渉が停止するといった事態となりました。このことが響き，JR東海はリニア中央新幹線の開業を「2027年以降」と延期し，実質的な開業時期が不透明な状況のまま現在に至っています。

　日本におけるインフラ整備は常に，①予算問題，②各種ステークホルダーとの調整リスクの高まり，という課題を抱えるようになり，本来ならば達成可能な計画として立案されたものが，なかなか計画どおりの進捗を遂げなくなっています。未来予測をするに当たって，インフラ整備計画は必須のパラメータですが，そのデータを扱うに当たっては，かなり不確実性を持ったものとして扱う必要があります。

　今後，2050年くらいにかけて実現が予定されている国内のインフラ整備計画

は多数ありますが，参考までに主だったものを挙げておきたいと思います。

- 2027年度　　　高さ日本一となる超高層ビル「トーチタワー」が完成
  （2028年3月末）　（三菱地所）
- 2030年秋頃　　大阪特定複合施設（大阪IR）開業
- 2030年前後　　神戸空港が国際ターミナルを運用開始
- 2030年度末　　北海道新幹線が全線開業（新函館北斗〜札幌間）
- 2031年度　　　羽田空港アクセス線開業
- 2030年代後半　関西国際空港が容量拡張し，年間発着回数が30万回に
- 2040年　　　　建設後50年以上経過する道路側橋の割合が約75％に
- 2040年代　　　東京都，整備対象となる都道全域での無電柱化を実現

Column

歴史を動かした未来予測④：
アルビン・トフラー『未来の衝撃』と『第三の波』

■これぞ未来予測の決定版

　20世紀後半になると，「未来学者」と呼ばれる人たちが活躍するようになります。ランド研究所から独立してハドソン研究所を創設したハーマン・カーンがその元祖というべき存在で，1970年に『超大国日本の挑戦』を著し，「21世紀は日本の世紀」と断言し日本人の自尊心をくすぐったため，日本で多大な人気がありました。しかし実際に21世紀になってみると，日本人としては，この予測は持ち上げ過ぎではなかったかと感じてしまいます。

　『イデオロギーの終焉』（1960年）を世界的な流行語にした社会学者のダニエル・ベルも，代表的な「未来学者」の1人に数えられています。1973年に発表した『脱工業社会の到来』の中でベルは，未来社会においては経済活動の中心が財の生産からサービスに移行し，それに伴って「知識階級」と呼ばれる専門・技術職層の役割が大きくなると予言しました。

　概念的・抽象的な要素が大きいベルの脱工業化論を発展・完成させ，より具体的なイメージを提供したのがアルビン・トフラーで，彼こそ今日に至るまで「未来学者」の第一人者とみなされています。

　トフラーは『未来の衝撃』（1970年）とその続編ともいえる『第三の波』（1980年）を通じて，現在のような情報社会の到来をほぼ完全な形で予言しました。とりわけ『第三の波』の中で，人類史における大きな技術革新を「波」にたとえ，第一の波は「新石器革命・農耕革命」，第二の波は「産業革命・工業化」，そして第三の波は「情報革命・脱工業化」であり，まさに現在が第三の波に洗われている真っ最中であると述べました。

　トフラーはジャーナリスト出身であったため，具体的な未来の萌芽事例を数多く取り上げ，そこから全体像を俯瞰する方法で未来像を描きました。よってわかりやすい。『第三の波』はドキュメンタリー映画にもなり，映像でより具体的なイメージを伝えてくれました（その番組では，トフラー自身が案内役を務めていました）。

　トフラーの未来予測のイメージは具体的かつ他分野に及びます。主なものを挙げると，再生可能エネルギーの伸張，マスメディアの終焉，多品種少量生産の進展，住宅のエレクトロニクス化，家族形態の多様性，在宅勤務の増加，企業の社会的責任の増大，オフィスのペーパーレス，人間自身のクローン等々。21世紀が4分の1ほど経過した現在，これらの大部分が実現していることに驚かされます。

4　天体・天文・宇宙開発

「天体・天文」は最も確実な未来予測

　あらゆる予測の中で，最も確実に未来の様子がわかるのは天体の動きです。天体は物理の法則どおりに動いているのですから，例えばハレー彗星は約75年周期で必ず太陽系に戻ってきます。1986年に地球から観測されたハレー彗星を再び見ることができるのは，2061年になるのです。

　1986年のハレー彗星来訪時には，世界中に天文ブームが起こり，南半球への観測ツアー等に観光客が殺到しました。また，欧州の観測衛星が核まで600kmまで接近して，彗星の正体が「汚れた雪玉」であることがわかりました。

　次の来訪時の2061年にはどうなっているでしょうか。全くの個人的な「予測」ですが，その頃には宇宙船に乗った人間が，肉眼で彗星を観測している可

能性が高いです。そして，富裕層を対象にした彗星観測宇宙船ツアーが組まれているかもしれません。

　現在でも，民間人がロケットに搭乗して短時間の宇宙体験ができるようになっています。2021年に本格的な商業宇宙旅行がスタートし，その年だけで29人の民間人が宇宙体験を楽しんだそうです。そして2024年6月までに累計で約80人の民間人が宇宙に進出し，世界で数千人が既にチケットを購入して順番待ちをしていると言われています。商業宇宙旅行は着実に進展していると言ってよいでしょう。そして，日本航空宇宙学会によると，2050年頃には年間約10万人が宇宙旅行に出発すると予測されています。

　今後のロケット技術の進歩を考えると，多人数を乗せた宇宙船の開発も進むでしょう。37年先の未来では，「ハレー彗星観測宇宙ツアー」が実現しているものと思われます（ひょっとすると，どこかの旅行会社で既に予約を開始しているかもしれません）。

2026年以降に有人宇宙開発が再活性化

　少し先走ってしまいましたが，天体・天文に絡めて宇宙開発の予測についていくつか紹介したいと思います。宇宙開発は天体の動きとは異なり，確実な「予測」ではなく，あくまで「計画」ということになります。

　映画『2001年宇宙の旅』には，21世紀初頭に地球と宇宙ステーションの間を定期便が飛んでいて，科学者や政府高官が出張感覚で宇宙旅行をしているような世界が描かれていましたが，現実はまだ人類が気軽に宇宙に進出するような段階に至っていません。前述のように民間人の宇宙体験は着実に増えていますが，超富裕層の「道楽」の域に止まっています。

　様々な予測を総合すると，2030年頃までは専ら人工衛星と探査機の時代が続きます。有人宇宙ステーションは細々と運用されていますが，長らく宇宙ステーションの代名詞であったNASA，ESA，JAXA等世界5機関共同運用の国際宇宙ステーション（ISS）は2030年に役割を終え，代わるように商用宇宙ステーションの運用が2027年から始まります。既に民間のロケット事業者による

人工衛星打ち上げなどはビジネスとして定着していますが，有人宇宙開発も民間の手によるものが主流になっていくのかもしれません。

　ただ，2027年以降は国家による有人宇宙開発も復活する流れであり，米国は「アルテミス計画」を実行し，2027年半ばにアポロ17号（1972年）以来55年ぶりの有人月面着陸を実施する予定にしています。そして同計画には日本も参画しており，早ければ2028年にも日本人初の月面着陸が果たされる予定です。その後，米国の有人宇宙開発は月面基地の建設と有人火星探査に向かいます。

　一方，中国が新たに有人月面探査に本格的に乗り出す構えを見せています。中国は2030年までの有人月面着陸を目指しており，ひょっとすると日本に先を越されないよう計画を早めてくる可能性があります。そして，2035年までに月面基地を建設する計画があり，月面を巡っても米中の「覇権争い」が繰り広げられることになります。

　宇宙開発は軍事利用と表裏一体の面が否めないので，情報が全て開示されるわけではなく，先々が読みにくいものではあります。

- ●2026年　　　　小惑星探査機「はやぶさ2」が小惑星（2001CC21）へのフライバイ（JAXA）
- ●2026年　　　　欧州宇宙機関（ESA），地球外生命探査機「PLATO」打ち上げ
- ●2027年　　　　米国が54年ぶりに有人月面着陸を実施（アルテミス計画）（NASA）
- ●2027年　　　　巨大小惑星「1999AN10」が地球から約39万km（ほぼ月までの距離）まで接近
- ●2027年　　　　世界初の商用宇宙ステーション「Orbital Reef」運用開始
- ●2028年　　　　日本人の月面着陸を実現（アルテミス計画）（内閣府）
- ●2029年度　　　火星衛星の無人探査機が地球帰還（JAXA）
- ●2030年までに　中国，有人の月面着陸実現
- ●2030年　　　　国際宇宙ステーション（ISS）運用終了（NASA）

- 2030年　　　　中国，火星サンプルリターンミッション「天問3号」を
　　　　　　　　打ち上げ
- 2031年　　　　観測史上最大級の彗星「ベルナーディネッリ・バーンス
　　　　　　　　ティーン」，太陽に接近
- 2031年　　　　小惑星探査機「はやぶさ2」が目標天体（1998KY26）に
　　　　　　　　ランデブー（JAXA）
- 2032年　　　　日本人2人目の月面着陸を実現（アルテミス計画）（内閣
　　　　　　　　府）
- 2033年　　　　米国，火星の岩石を地球に持ち帰る（NASA）
- 2034年　　　　木星探査機「JUICE」を衛星ガニメデの周回軌道に投入
　　　　　　　　（ESA）
- 2035年　　　　関東北部から能登半島にかけて皆既日食が見られる（国
　　　　　　　　立天文台）
- 2035年　　　　木星探査機「JUICE」がミッション終了（ESA）
- 2035年までに　中国，月面基地を建設
- 2030年代　　　米国，有人の火星探査を実現（NASA）
- 2050年頃　　　年間約10万人が宇宙旅行に出発（日本航空宇宙学会
　　　　　　　　「JSASS宇宙ビジョン2050」）
- 2061年　　　　ハレー彗星が地球に接近（NASA）

　宇宙開発に関する予測としては，日本航空宇宙学会の「JSASS宇宙ビジョン2050」が現時点では最も詳しいものなので，そちらを紹介しておきたいと思います。

図表4-9　宇宙開発のデータリスト

日本航空宇宙学会：JSASS宇宙ビジョン2050
https://www.jsass.or.jp/wp-content/uploads/2021/08/f8f3e1ff5286673fb4cf443bb7d4276d.pdf

5　テクノロジー

科学技術予測こそ未来予測の王道

　未来予測と聞いて誰もが真っ先に思い浮かべるのは，テクノロジーの発展のことではないでしょうか。宇宙開発，ロボット，AI，仮想現実，バイオテクノロジー等々。巨大なものから目に見えない微細なものまで，科学技術の範囲は実に広いのですが，コラム①の中で「SFもれっきとした未来予測手法」と記したように，未来の科学技術に思いを馳せることは人間社会の進歩につながります。

　テクノロジーに関する未来予測には数多ありますが，日本のテクノロジー予測の集大成と言えるのが，1971年から5年ごとに実施されている文部科学省科学技術・学術政策研究所の「科学技術予測調査」です。第2章で説明したデルファイ法を大規模に活用したもので，まさに日本の英知を結集した予測資料になっています。2019年実施の第11回調査の結果が既に公開されていますが，最新の第12回調査は2024年現在まさに実施中であり，結果がまとまり最終報告書が発行されるのは2025年になりそうです。

　そのため，下記には（若干古いですが）第11回結果の主なものを中心に掲載して，未来のテクノロジーの姿を概観したいと思います。

- ●2027年　　　「スーパーカミオカンデ」を凌駕する「ハイパーカミオカンデ」実験開始（東京大学）
- ●2028年　　　教育にAI・ブロックチェーンが導入され，学校の枠を超えた学習スタイルが構築される（第11回科学技術予測調査）
- ●2028年　　　フィジカル・サイバー空間のシームレス結合によるインフラのモニタリング，予測，制御技術の開発（第11回科学技術予測調査）

98

- 2028年　　人工肉など人工食材をベースに食品をオーダーメイドで製造（造形）する３Dフードプリンティング技術を実現（第11回科学技術予測）
- 2028年　　人と同じソフトな動きと感触を可能にするためのロボット向けの機能を持つソフトマテリアルを開発（第11回科学技術予測）
- 2029年　　低分子化合物・ペプチド・抗体・核酸に次ぐ新機能性分子の医薬を実現（第11回科学技術予測調査）
- 2029年　　遺伝子修復治療や単一遺伝病の治療を広汎に実現する遺伝子治療法の確立（第11回科学技術予測）
- 2029年　　電気自動車のための交換不要な長寿命かつ低コストの二次電池（寿命15年・コスト0.5万円/kWh以下）の開発（第11回科学技術予測）
- 2029年　　炭化ケイ素（SiC），窒素ガリウム（GaN）をさらに超える電力・動力用高効率パワー半導体を開発（第11回科学技術予測）
- 2030年　　マイクロ・ナノマシンや生体分子等の配置や運動を自在に制御・計測する光技術を実現（第11回科学技術予測）
- 2030年　　生体内に内在する幹細胞あるいは移植された幹細胞の機能を制御する再生医療技術を実現（第11回科学技術予測）
- 2030年　　ビジネス・国際会議等でのシビアな交渉にも使えるAI同時通訳が実現（総務省）
- 2030年　　形状加工後に自発的に変形・結合することで機能発現やシステム融合を可能にする技術（４Dプリンティング・４Dマテリアル）を実現（第11回科学技術予測）
- 2030年　　レアメタル品位の低い特殊鋼などの使用済製品からも有用金属を経済的に分離，回収する技術の確立（第11回科学技術予測）

- ●2030年　　　氷海域（氷海下含む）における海洋環境モニターや海底探査（石油，天然ガス，鉱物資源等）技術を開発（第11回科学技術予測）
- ●2031年　　　３Ｄプリンティング技術を用いた再生組織・臓器の製造（第11回科学技術予測）
- ●2031年　　　ピコメータースケールで原子・分子の内部を可視化できる超高解像度顕微鏡を実現（第11回科学技術予測）
- ●2031年　　　量子化学計算に基づく薬剤や触媒デザインを可能にする量子シミュレーターを実現（第11回科学技術予測）
- ●2033年　　　数百ビットのコヒーレンスが保たれるゲート型量子コンピューターを実現（第11回科学技術予測）
- ●2034年　　　超小型でショットノイズ限界を超える量子センサーの開発（第11回科学技術予測）
- ●2035年　　　大気中から回収されたCO_2と非化石エネルギー起源の水素から炭化水素燃料（航空機燃料など）を製造（第11回科学技術予測）
- ●2037年　　　マグニチュード７以上の内陸地震の発生場所，規模，発生時期（30年以内），被害の予測技術を確立（第11回科学技術予測）
- ●2030年代後半　GX（グリーン・トランスフォーメーション）の実現に必要な光電融合技術を実現（経産省）
- ●2039年　　　海水中から経済的にウランなどの希少金属を回収する技術の確立（第11回科学技術予測）
- ●2040年　　　農林業機械・漁船の電化・水素化技術が確立（農水省）
- ●2041年　　　高レベル放射性廃棄物中の放射性核種を加速器の使用により核変換して，廃棄物量を激減させる技術を開発（第11回科学技術予測）
- ●2050年までに　誤り耐性型汎用量子コンピューターが実現（内閣府）

●2050年までに　自ら学習・行動し人と共生するロボットが実現（内閣府）

図表4-10　テクノロジーのデータリスト

第11回科学技術予測調査	https://www.nistep.go.jp/archives/42863

6　経済・産業

（1）マクロ経済

　マクロ経済予測というのは非常に難しいものです。毎年の経済予測（GDP成長率予測）を世界規模ではIMFや世界銀行，日本国内では内閣府や日銀，各金融機関やシンクタンクなどが盛んに実施していますが，的中させたことはほとんどありません。経済はまさに生き物ですから，少しの気候の変化で個人消費の動向は変わりますし，為替レートの変動は輸出入に直接的な影響を及ぼしますし，物価にも影響します。

　こうした事情があるため，マクロ経済の長期未来予測というのはリスクが大きすぎて各機関があまり実施しないものですが，そうした中にあってIMFやOECDのような国際的な経済機関は相対的なものにとどまりますが，マクロ経済の長期的な未来予測を発信しています。

　それらを概観してみると，目立つのはインドやインドネシアという新興国の台頭であり，逆に日本経済の凋落ぶりが際立ちます。為替レートの関係もありますが，2023年に日本は名目GDP世界3位の地位を半世紀ぶりにドイツに奪われました。ドイツ経済も凋落が著しいと言われているにもかかわらず，成長率で劣っていたのです。そして，すぐ後ろにインド，インドネシアが迫ってきており，これからは毎年のように「○○に抜かれて4位」「××に抜かれて5位」といったような見出しが新聞に踊るようになるのではないかと思われます。

- 2025年　インドの名目GDPが日本を抜き世界4位に（IMF）
- 2027年　インドの名目GDPがドイツを抜き世界3位に（IMF）
- 2030年　日本の労働力人口が約6,886万人に（中庸「成長率ベースライン・労働参加型漸進シナリオ」）（労働政策研究・研修機構）
- 2030年度　AI等による職業の代替が進む等の理由で従業員数735百万人減少（経産省）
- 2032年　インドネシア，実質GDP（購買力平価ベース）で日本を抜き世界4位に（OECD）
- 2040年　日本の労働力人口が約6,536万人に（中庸な「成長率ベースライン・労働参加型漸進シナリオ」），悲観的な「一人当たりゼロ成長・労働参加現状シナリオ」だと約6,002万人に減少（労働政策研究・研修機構）
- 2040年　産業別就業者数で医療・福祉が卸売・小売業を上回り，製造業全体に比肩するほど増加（労働政策研究・研修機構）
- 2040年　社会保障給付費は190兆円と2018年度（121兆円）に比べ6割近く増加（厚労省）

（2）IT関連産業

　個別産業の未来予測については，官公庁のみならず様々な機関から多数発信されています。とりわけ，成長分野とされるIT関連産業については非常に多く，全てに目を通すのは不可能な状況です。

　そうした中で，比較的手堅い官公庁の「予測」をいくつかピックアップしてみました。ただし，「予測」と銘打っていても実際は「政策目標」として掲げられているものも少なくないので注意が必要です（その辺りの事情については，「第5章　データを読み解く際の注意点」で詳述します）。

　IT関連産業で未来予測をするとなると，個別のアプリ／サービスのことを述べても際限がないので，主にインフラ関係に着目することになりますが，そ

うなると「通信」と「データセンター」が重要です。

　高速通信網の整備に関して日本は立ち遅れていましたが，ここにきて急速に進展し，次世代高速通信網である６Ｇ（ビヨンド５Ｇ）については，国際規格競争でも米中に伍している感があります。

　そして，昨今の生成AIブームもあって国内のデータセンター需要は急増し，各地に新規建設の動きが見られています。2030年に「国内データセンターサービス市場規模が３兆円，データセンター投資が１兆円に拡大」（経産省）と言われるのも，あながち非現実的な「政策目標」ではないと思われます。

　ただし，そうなった場合に懸念されるのが，国内の電力不足です。例えば現在，広大な土地利用が可能な北海道には複数のデータセンター構想があり，地元自治体などは誘致に熱心な模様ですが，仮に構想どおりにデータセンターが建設され稼働を開始したら，北海道電力管内の現在の電力供給量の３割を使用してしまうだろうという話を聞きました。原発が稼働停止中で，火力発電所新増設の当てがない中，これは由々しき事態です。北海道内の生産活動や住民の生活に深刻な影響を及ぼしかねません。太陽光発電や風力発電といった再生可能エネルギーに活路を見出すという意見も聞かれますが，これらはいわゆる「質の悪い電力」であり，供給が安定しません。データセンターのような施設で利用するには無理があるのです。

　こうした事態は北海道に限ったことではありません。全国どこでも，首都圏でも起こり得ることです。

　IT産業の成長は日本経済全体にとっては望ましいことではありますが，巨大な電力需要と裏腹の関係にあり，これからの日本においては，そのリスクについて常に考えておかなくてはなりません。

- ● 2027年度までに　　光ファイバーの世帯カバー率が99.9％に（総務省）
- ● 2030年　　　　　　国内データセンターサービス市場規模が3兆円，データセンター投資が1兆円に拡大（経産省）
- ● 2030年　　　　　　量子技術による生産額を50兆円規模に（内閣府）
- ● 2030年頃　　　　　6G（ビヨンド5G）が導入（総務省）
- ● 2030年頃　　　　　次世代スーパーコンピューター「富岳NEXT」運転開始（文科省）
- ● 2035年　　　　　　ロボット産業の市場規模が約9.7兆円（経産省，NEDO）

（3）農林水産業

　農林水産業の未来予測については，専ら農水省から発信されるものが中心で，その大部分が「明るい展望」となっていますが，内容を吟味すると首を傾げざるを得ないものばかりと言えます。

　まず，2030年に「国産木材供給量が4,200万㎥」（農水省）で2019年の約1.4倍となり，林業が順調に成長するように一見すると感じられる「予測」となっています。しかし，ここで書かれているのはあくまで「供給量」です。いくら供給があっても需要がなければ市場は成り立ちません。果たして今後，国産木材の需要は増加するのでしょうか。木材は価格競争の要素が強いのですが，外国からの輸入木材との競争力がどの程度あるのでしょうか。その辺りの検証がないのだとしたら，明るい展望とは言い難い面があるでしょう。

　漁業の予測についてはもっと疑問符が付きます。2030年までに「漁獲量が2010年と同程度（444万トン）まで回復」（農水省）とありますが，2023年の海面漁業の漁獲量は282万トンであり減少傾向に歯止めがかかっていません。養殖業を除くと漁業というのは，気候変動や環境汚染の影響を大きく受けるので，漁業従事者の工夫の余地が少ないのです。さらに国際政治の動きに翻弄されます。ウクライナ紛争の影響で，日本は現在，ロシアの排他的経済水域（EEZ）での操業が厳しく制限されているので，サケ・マスやタラバガニにとって重要

な「北の漁場」からの漁獲量が全く期待できない状態にあります。こうした現実が先行してしまうと，「他力本願」的な要素の強い産業の予測というものの意味を改めて考えさせられます。

　あと，2030年度に「総合食料自給率が生産額ベースで75％に」（農水省）という政策目標が掲げられており，これも2018年度より増加しているのは一見すると良い方向に向かっているように見えますが，「生産額ベース」という点に注意が必要です。

　総合食料自給率の表記には「カロリーベース」と「生産額ベース」があります。カロリーベースは食品の栄養価に着目したもので，日本人が1日に摂取したカロリーのうち何割が国産だったかという計算になります。これですと，カロリーの低い野菜を大量に摂取していると数値が上昇しないという面があり，国民の実感と合わないことが多いです。一方，生産額ベースは食料の経済的価値に着目したもので，国際比較が容易という長所がある反面，単価の高い食料を生産すれば自給率が上昇するということになり，これを重視し過ぎてしまうと米や麦といった穀物の生産を止めて果物や食肉などを生産する方向にドライブしてしまうことになりかねません。

　このように，未来の予測数値，目標数値については，その数字の意味を深く考えていかないと，未来に向けて単に数字の上昇・下落のみを追って「良い・悪い」の判断をしてしまう危険性があります。

- 2030年　　　　　国産木材供給量が4,200万㎥（2019年：3,100万㎥）（農水省）
- 2030年までに　　漁獲量が2010年と同程度（444万トン）まで回復（農水省）
- 2030年度　　　　総合食料自給率が生産額ベースで75％に（2018年度：66％）（農水省）
- 2040年　　　　　野菜の18～24％が植物工場からの出荷に（NRI）
- 2042年　　　　　有機農業の取組面積の割合が25％（100万ヘクタール）に拡大（農水省）

（4）建設・不動産・物流

　日本の建設・不動産の未来予測については，やはり国交省のデータが最も豊富ですが，NRIも毎年，「新設住宅着工数」と「空き家率」の未来予測を発表し，各方面から重宝がられています。

　現在でも都市部の不動産価格は上昇し続け，新築の戸建てやマンション価格には天井知らずの感があります。しかし，構造的に少子高齢化の止まらない日本において，住宅ストックは確実に余り続けています。それが「空き家率」の上昇となって如実に現れ，各地で社会問題化しているのです。

　そして，それに伴い「新設住宅着工数」は下落傾向に歯止めがかかりません。リフォーム市場は成長していくのですが，利益率の高い新設が減少するということは建設業という業種の将来性に深く影響してきます。人手不足や材料費の高騰という問題にも解決の糸口が見えない以上，将来的には業種としての存続が問われてくると思われます。

- 2028年度までに　　国土全体の3次元地図が整備，順次提供に（国交省）
- 2030年　　　　　　新設住宅着工戸数が77万戸（2023年度80万戸）（NRI）
- 2030年　　　　　　広義のリフォーム市場規模が8.2兆円（NRI）
- 2030年までに　　　国内物流の輸送力を強化するため，複合一貫輸送（トラック＋船）のスマート化が実現（国交省）
- 2030年頃　　　　　バイオジェット燃料が商用化（エネ庁）
- 2032年末　　　　　築40年超の高経年マンションが260.8万戸に（2022年：125.7万戸）（国交省）
- 2033年まで　　　　住宅向けの民間投資が約14兆円（2023年から）（内閣府）
- 2035年　　　　　　広義のリフォーム市場規模が8.6兆円（NRI）
- 2040年　　　　　　新設住宅着工戸数が58万戸に減少（NRI）
- 2040年　　　　　　広義のリフォーム市場規模が8.9兆円（NRI）
- 2042年　　　　　　築40年超の高経年マンションが445.0万戸に（国交省）

● 2043年 　　　　　空き家率が約25％に上昇（2023年13.8％）（NRI）

7　地政学リスク

何よりも未来予測が難しい地政学リスク

　一般に地政学リスクと呼ばれるものを，筆者は「ハザード」と「ディザスター」に分けて考えています。ハザードとは可能性や脅威のことであり，潜在的なものです。そして，ハザードが顕在化して実際に何らかの被害が生じたものがディザスターです。

　ハザードを挙げることは比較的容易です。例えば現在であれば，「ウクライナ紛争の泥沼化」「第五次中東戦争の勃発」「台湾有事」「北朝鮮有事」「米国内戦」などがすぐに思いつきます。地政学リスクの未来予測とは，これらのハザードがディザスターに転じる時期を予測することに他ならず，それには非常に困難が伴います。その難しさは地震予知に匹敵するのではないかと思います。

　地政学リスクの予測がなぜ難しいかといえば，ハザードからディザスターに転じる際に「意志」というものが働くからです。政治的指導者の意志，国民の意志。「意志」を読み解くことほど難しいことはないと思います。

　かつて東西冷戦が最高潮であった頃，「クレムリン・ウオッチャー」と呼ばれる人たちが活躍していました。ほとんど情報が開示されないソ連共産党の戦略を知ろうと，たまに漏れてくる幹部の発言やクレムリンでの閲兵式に臨む際の指導者たちの並び順など，微細な情報から指導者たちの「意志」を探ろうとしていたのです。「意志」の確認はそれほど大変な仕事でした。

　未来予測に当たっての「意志」確認の重要性と難しさについては，「第５章データを読み解く際の留意点」で改めて述べたいと思います。

現在の対立構造の本質は「グローバリズム」対「反グローバリズム」

　地政学リスクの発生原因としては，人類の有史以来続く「民族対立」「宗教対立」や，大航海時代以降に激化した「資源獲得競争」，そして20世紀になってから顕著になった「イデオロギー対立」などがあります。20世紀のイデオロギー対立は資本主義対共産主義で，実際に西側陣営と東側陣営に世界各国が分かれ「東西冷戦」となっていました。

　しかし21世紀を目前に控えた1989年に，東西ドイツを分断していたベルリンの壁が崩壊したことをきっかけに東側陣営は自壊を始め，1991年にはついに東側陣営の盟主ソ連そのものが崩壊して，東西冷戦が完全に終結しました。この状況を見て，政治学者のフランシス・フクヤマは『歴史の終わり』（1992年）を著し，これからの世界は自由主義・資本主義・民主主義が唯一の政治的価値観となるため世界は安定すると述べました。

　しかし21世紀の今日，現実にはそうなっていません。世界はますます不安定さを増している状況にあります。なぜかというと，フクヤマの師でもある政治学者のサミュエル・ハンチントンが『文明の衝突』（1996年）の中で，これからの世界秩序は文明間の「衝突」，とりわけ西欧文明と非西欧文明の対立が深刻化すると予言したように，新たなイデオロギー対立が生じているからに他なりません。それが「グローバリズム」対「反グローバリズム（ナショナリズム）」です。

　いつ頃から「グローバル」とか「グローバリズム」「グローバリゼーション」という言葉が一般化してきたのでしょうか。筆者が経営コンサルティングの世界に足を踏み入れた1980年代に，この言葉はありませんでした。「国際的」や「国際化」ということを言い表すとしたら，「インターナショナル」や「インターナショナリズム」という言葉を使用していました。「インターナショナル」ですと，「ナショナル（＝国家）を跨ぐもの」という意味ですから，「国家」を前提とした考え方であることがわかりますが，「グローバル」ですとまさに「地球」という意味ですので，「国家」を前提としていないことになります。こ

れは明らかにフクヤマの思想の文脈の中から出て来た新しいイデオロギー用語だと思います（フクヤマ自身が「グローバリズム」という言葉を使ったわけではありませんが）。つまり国境（＝国家）を無くして世界を自由主義・資本主義・民主主義という単一の価値観で染め上げようということであり，思想のベクトルこそ違え，かつての国際共産主義に通じる発想ではあります。皮肉なことに，現在グローバリズムを熱心に推進しているのは米国やEU諸国といったかつての西側陣営が中心であり，反グローバリズムの盟主はかつての東側陣営の盟主であったロシア（旧ソ連）で，立場が逆転しているのです。つまり，かつて東側陣営は「共産主義の輸出」を熱心に進め，アジアや南米にいくつも共産主義国家を作ってきました。今度は西側陣営が「グローバリズムの輸出」を，かつての東側陣営の国々や（東西冷戦時代には比較的中立を維持していた）中東やアフリカに広めようとしています。これらの国々はイスラム圏や非カトリック・非プロテスタントが多いので，まさに西欧文明＝グローバリズム，非西欧文明＝反グローバリズムと考えれば，その後の政治情勢はハンチントンの予言どおりにほぼ動いていると思います。

ウクライナ紛争をきっかけに反グローバリズム勢力が優勢に

　グローバリズム対反グローバリズムの流れを，歴史を遡って確認してみたいと思います。

　ソ連が崩壊して米国が唯一の覇権国となったのが1992年。EU（当時はまだEC）が域内市場統合を果たしたのも1992年。1992年こそが「グローバリズム元年」と言って差し支えないでしょう。欧米先進国は，これ以降グローバリズムの「布教」をひたすら進めていくことになります。

　当時の米国は，ネオコンの台頭もあって，グローバリズムに馴染もうとしないイスラム圏の国々を中心に「体制変更」を迫りました。具体的には，2001年の全米同時多発テロ事件をきっかけとしたイラク戦争やアフガニスタン戦争を通じて，独裁政権を転覆させたり，現地武装勢力を壊滅させたりしました。また，2010年代に連鎖的に発生した大規模な民主化運動「アラブの春」にも，米

国の影が見え隠れします。

　EUのほうは，東に向けて域内を拡大していくことが大きな役割となります。1993年にマーストリヒト条約を締結し，正式にEUが発足，域内のヒトの移動も自由化されました。1999年に単一通貨ユーロを導入，そして2004年以降，かつて東側陣営にいた中東欧諸国が続々とEUに加盟し，政治統合を除いて一通りの完成を見せます。そして，米国の補完勢力としてグローバリズム推進の一翼を担っていきます。

　こうして世界規模でグローバリズムを推進した結果，ヒト，モノ，カネ，情報の移動が自由になり，経済活動は活性化し，世界は一時的に潤った気持ちになりました。しかし，その陶酔はすぐに醒めることになります。

　それから10年が経過した2020年頃の状況はどうでしょうか。グローバリズムの成果と喧伝されたものは，そのほとんどが逆回転を始めています。

　イラクやアフガニスタン，そして「アラブの春」で民主化したはずのイスラムの国々は，政治的混乱が止まず不安定さを増す一方です。アフガニスタンに長年駐留していた米軍も，このままでは第二，第三のベトナムになることを恐れて，2021年についに撤退をするに至りました。米軍が撤退した後のアフガニスタンでは，一度滅びたはずのタリバン政権が復活し，現在では正当な政府となっています。米国の20年間の苦労は水泡に帰してしまったのです。

　一方，拡大したEU諸国は移民の流入に苦しむようになります。国境が無くなり人が自由に動けるようになった結果，大量の移民がドイツやフランス，イタリアなどに流れ込むようになり，移民に職を奪われたり，犯罪の増加で社会不安が増加したりと，国民の不満が著しく高まるようになりました。そうしたことを受けて，近年の欧州各国の選挙では，各国の伝統的価値観を大事にし移民の制限等を掲げるナショナリズム政党（日本の報道では「極右」と形容されることが多いですが）が獲得議席数を伸ばし，中には第一党となっている国も現れました。

　そして，こうした反グローバリズム勢力に勢いがついたのは，2022年に発生し現在なお続いているウクライナ紛争がきっかけです。一般にウクライナ紛争

は，「ロシアの独裁者プーチンが領土的野心から隣国のウクライナに武力侵攻した」ものとされていますが，この見方はあまりにもグローバリズム側に寄ったものと言わざるを得ません。

欧米のグローバリズム勢力にとって，ロシアは目の上の瘤でした。ソ連が崩壊してロシア連邦に変わった直後のゴルバチョフ政権，エリツィン政権は明確にグローバリズムを志向していましたが，急速な変化は国民を疲弊させ，ロシアは世界の最貧国に落ちかねない状況となりました。

エリツィンから後事を託された形で大統領に就任したプーチンは，ロシアを再び強国にするため国家再建の基本を「ロシア正教の伝統に基づくナショナリズム国家」と位置づけました。そして，グローバリズム勢力を寄せ付けない独自路線を歩むことにしたのです。西暦2000年のことです。

ロシアは石油や天然ガスを含め天然資源の宝庫であり，農林漁業の盛んな食糧生産国でもあります。プーチンの24年間の治世下で外国勢力を排除し，食糧及び資源輸出国としての再生を果たしたロシアは，再び軍事力を増強し米国や中国を抜いて世界一の軍事大国となりました。

反グローバリズムの姿勢を崩そうとしないプーチンのロシアを何とかしなくてはならない。そこには，全米同時多発テロ事件後の構図と似たものが感じられます。ウクライナ紛争は，米国のネオコン主導で仕組まれた要素が皆無とは言えません。

ウクライナに侵攻したロシアに対し，欧米先進各国は直ちに経済制裁を科し，G7の一角を占める日本も同調しました。その内容は，ロシアとの貿易停止，通貨ルーブルのドル・ユーロ・円との交換停止など非常に厳しい措置であり，兵糧攻めにすることでロシア経済を崩壊させ，不満が爆発したロシア国民によってプーチンが引きずり降ろされるのを狙ったのでした。イラク戦争やアフガニスタン戦争のように米軍（NATO軍）がロシア軍と直接対決してしまっては第三次世界大戦になってしまうので，「アラブの春」のような体制変革を画策したのです。

しかし，グローバリズム勢力のこうした思惑は覆されました。ロシア経済は

一時的な混乱はあったにせよ，決して崩壊しなかったのです。欧米や日本に代わり，中国やインド，トルコやイランといった非欧米の新興国，いわゆる「グローバルサウス」がロシア経済を支えました。

　グローバリズム勢力最大の誤算は，10年前とは異なりグローバルサウスが経済力をつけ，グローバリズム勢力との対峙を躊躇しなくなったことでした。グローバルサウスもナショナリズム国家が多く，行き過ぎたグローバリズムの国内への浸透を快く思っていなかったところに，反グローバリズムの立場からロシアが実際の戦争を行っている姿を見て，ロシア支持に傾いていったのだと思われます。また，グローバルサウス諸国としてはロシアと組むことで，安全保障上のメリットも生まれます。何と言ってもロシアは世界一の軍事大国であり，特にその核戦力は米中を凌駕します。核保有国である米英仏と距離を置くとしたら，露中印と結んでおくのは必然と言えるでしょう。

　こうしてロシアは，一躍グローバルサウスの「盟主」となりました。戦争の帰趨もほぼ見えてきていますし，ウクライナ紛争はむしろ，ロシアの国際的地位を高める結果となりました。

最大の地政学リスク「米国内戦」

　筆者が大学で政治学を学んでいた1980年代半ば，米国の2大政党（民主党，共和党）の違いは「コカ・コーラとペプシコーラの違い」と言われていて，仮に4年に一度の大統領選挙で政権交代があったとしても，政策上の激変は生じないとされていました。リベラルな民主党に対し保守的な共和党という政治思想の違いはあれ，当時はいずれの党も支持層拡大のため中道路線を選択する傾向にあり，まさにコーラの味付けの違いくらいという状況が長く続きました。

　しかし，今はどうでしょうか。地政学リスクを専門とする米国の調査会社ユーラシア・グループが，大統領選挙のある2024年の年初に「ことしの10大リスク」を発表したのですが，その第1位は何と「アメリカの分断」でした。民主党と共和党（今や「トランプ党」と言っても差し支えありませんが）の違いは，かつて「コカ・コーラとペプシコーラの違い」と言われていた頃とは様変

わりし，「グローバリズム」と「ナショナリズム」という正反対のベクトルを示すようになっています。移民政策（不法移民に寛容か否か），外交（ウクライナ支援に積極的か否か）など対立軸も極端になっており，互いに歩み寄る余地がありません。どちらが勝つかで政策のベクトルが180度変わってしまうという不安定な状態になっています。

サミュエル・ハンチントンが『分断されるアメリカ―ナショナル・アイデンティティの危機―』（2004年）で予言したことが，20年経ってついに現実の危機として登場してきたのです。

なぜそうなってしまったのでしょうか。根本的な原因は米国の人口構造の変化にあります。本書でも何度か繰り返し述べていますが，米国は今後も人口増加が続く唯一の先進国なのですが，それに大きく寄与しているのが移民の増加です。米国には永住資格を持つ移民が毎年100万人流入し，人口純増の要因となっています。

そのため，米国勢調査局によれば，ヒスパニック系やアジア系移民の急増で，米国の総人口に占める白人人口の割合は，現在の7割程度から2050年には5割程度に下がり，代わってマイノリティ人口が増え，ヒスパニック系は22.5％，アフリカ系は15.7％，アジア系は10.3％程度になると予測されています。中でもヒスパニック系の人口増加のペースには目覚ましいものがあります。

米国は建国当初から移民の国であり，歴史的に移民に寛容な国でしたが，現在はそれが行き過ぎてしまっていると，多くの国民が感じています。とりわけヒスパニック系移民は，英語を習得せず，自分たちのコミュニティ内だけでまとまって行動する傾向が強いため，他の人種・民族と容易に交わりません。あたかも米国内に広範な独自の「スペイン語文化圏」ができてしまっている感があります。

こうした人種・民族による分断が「アメリカの分断」の最も大きな要素を占めていますが，グローバリゼーションの進展に伴う富の偏在による分断，宗教の違いによる分断も深刻なものになってきています。実際はこれらの要素が複雑に入り組んで，分断された階層間の利害には相容れないものがあるため，米

国内は抜き差しならぬほどの状況になっているという見方もあります。

　この分断に拍車を駆けているのが，民主・共和両党の支持層獲得競争です。民主党は東西両海岸地域の都市部エリート層に加えて移民やLGBTQなどのマイノリティへの志向を強め，逆に共和党は伝統的な地方富裕層に加えて農業や製造業に従事しグローバリゼーションの恩恵を受けない白人層へと支持層を拡大させています。特に「MAGA（Make America Great Again）」を標榜するトランプ登場後にこの傾向が強くなりました。

　こうなってくると，分断された各階層を支持基盤とした民主・共和両党に政策上歩み寄る余地が乏しくなっているため，大統領選挙が終わって勝ち負けがはっきりした後もノーサイドとはならず，互いに遺恨を残しやすい状況になってしまっています。

　実際，今回の大統領選挙の前には，かつての南北戦争のような内戦がいつ勃発しても不思議ではないくらい緊張が高まっていると言われていました。政治学者のバーバラ・F・ウォルターが著した『アメリカは内戦に向かうのか』（2022年）がベストブックに選ばれたり，米国内戦を描いた映画『シビル・ウォー－アメリカ最後の日』（2024年）が大ヒットしたのも，まさに米国内のそうした「気分」を如実に反映しているのだと思います。

　結果は，共和党のトランプ候補が激戦州を全て制する「圧勝」に終わり，同時に実施された上下院議員選挙においても共和党が上下両院で過半数の議席を獲得するなど，共和党の伸張・民主党の退潮が鮮明となったため，心配された「内戦」が起こる事態は回避されました。そもそも内戦シナリオというのは大統領選挙で，バイデンにせよハリスにせよ民主党候補がトランプに競り勝ち，その結果に熱烈なトランプ支持層が不満を爆発させるという前提でしたから，その前提が一夜にして変わってしまったからです。

　民主党の政策が，人権重視過多・環境重視過多・移民重視過多など，あまりにもグローバリズムに寄り過ぎたため，本来の民主党支持層であった低所得者層やアメリカン・ネイティブなマイノリティ層が離れていったことに，民主党の指導層や民主党を支援する知的エリート層が気付いていなかったことが最大

の敗因でした。

　しかし今回，トランプが大統領に再任して急ピッチで政策変更をしたとしても，米国の社会構造がたった4年間では変わりようもありません。移民の過大な流入は多少止められるにせよ，マイノリティの人口増加に歯止めがかけられる訳ではなく，「アメリカの分断」は固定化されたままです。そのため，米国大統領選挙が内戦勃発のきっかけになりかねないという状況は2024年に限った話ではなく，次の2028年，その次の2032年と持ち越されることになりますので，世界は4年ごとに大きな緊張を強いられることになることでしょう。

地政学リスクを展望するうえで注目すべき米露大統領選挙と中国共産党全国代表大会のスケジュール

　米国大統領選挙の他に世界の地政学リスクに大きな影響を及ぼす政治スケジュールとしては，ロシア大統領選挙と中国共産党全国代表大会が挙げられるのではないかと思います。つまり，現在の覇権国3か国のリーダーが変わる可能性のあるタイミングということです。

　ここで日本や欧州各国を取り上げていないのは，議院内閣制をとる国では解散総選挙等がいつ実施されるかが見通せないため，年表形式で表現するのが困難という事情もありますが，世界規模で影響を及ぼす国々というのが，今や上記の3か国以外には考えられないという事実もあるからです。現在先進国と呼ばれるG7各国は，米国を除きいずれも将来の人口減少が著しく，今後の軍事的・経済的プレゼンスが低下していきます。それらの国々の政治リーダーや政権が変わることの影響は未来に向けて落ちていくと言わざるを得ません。

- 2027年（？）　韓国大統領選挙
- 2027年　　　　第21回中国共産党全国代表大会開催
- 2028年　　　　台湾総統選挙
- 2028年　　　　米国大統領選挙
- 2030年　　　　ロシア大統領選挙

- 2032年　　　　第22回中国共産党全国代表大会開催
- 2032年　　　　米国大統領選挙
- 2036年　　　　ロシア大統領選挙
- 2036年　　　　米国大統領選挙
- 2037年　　　　第23回中国共産党全国代表大会開催
- 2040年　　　　米国大統領選挙
- 2042年　　　　ロシア大統領選挙
- 2042年　　　　第24回中国共産党全国代表大会開催
- 2044年　　　　米国大統領選挙
- 2045年　　　　国連創設100周年

　年表の冒頭にいきなり（？）を付けたのは，５年ごとの実施で次回は2027年に予定されていた韓国大統領選挙が，早ければ2025年にも大幅に前倒しされる可能性が強まっているからに他なりません。

　その理由は周知のとおり。2024年12月３日夜に現職の尹錫悦（ユン・ソンニョル）大統領が野党勢力の「反国家的悪事」を理由に突如戒厳令（非常戒厳）を布告したにもかかわらず，わずか６時間後の４日朝には撤回する顛末となったため，これに猛反発した野党勢力に与党からも同調者が続出した結果，大統領弾劾決議が14日に可決され，大統領は職務停止状態になっています。この後，憲法裁判所が認めれば大統領は失職し，すぐにでも大統領選挙が実施されることになります。

　韓国政治が極めて流動化する事態となったのですが，このことは「朝鮮半島有事」と非常に密接な関係があるので，詳しくは後ほど述べたいと思います。

今世紀最大の地政学リスクは「プーチン後」を睨んだロシアで発生

　グローバルサウスの盟主として覇権国への復権を果たしたロシアですが，その大統領選挙は2024年３月に既に実施されており，現職のプーチンが５選を果

たしました。ロシアの大統領任期は6年間であり，これで2030年までプーチン体制が続くことになります。

　しかしプーチンも現在72歳。6年後には78歳になります。ただ，バイデンやトランプが80歳になっても大統領職に就いていたくらいですから，2030年の大統領選挙にも出馬・当選することでしょう。現在から更に12年間，2036年までのプーチン体制というのは十分に見通せるところです。

　問題はその後です。2036年には84歳。いくら何でも大国の指導者として年を取り過ぎているという感が拭えません。任期を全うしたら90歳になってしまいます。恐らくこの辺りがプーチン体制終焉の頃になるのではないかと思われます。

　これまでほぼ四半世紀にわたって（仮に2036年まで大統領を務めると36年にわたって）ロシアの絶対的な指導者として君臨してきたプーチンですので，その後継者が容易に決まるとも思えません。プーチンの退場が意識されるようになれば，他国の介入が激しくなることが予想されます（その頃の米国に，そこまでの余裕があるのかがむしろ問題ですが）。この頃に，ひょっとすると今世紀最大の地政学リスクがロシアを巡って生じてくるかもしれません。

東アジアの地政学リスク：「台湾有事」「朝鮮半島有事」共に遠のく？

　話を東アジアに移しましょう。

　東アジアにおける地政学リスクとして真っ先に挙げられるのが「台湾有事」です。中国の習近平国家主席は，かねてより台湾統一が悲願である旨の発言をしてきましたが，中国の建国75周年の国慶節を前にした2024年9月30日の演説の中でも，「台湾は神聖な領土」と強調したと，世界のマスコミが一斉に報じるくらい台湾有事は意識されていると言ってよいでしょう。

　そして今，まことしやかに囁かれているのが「2027年台湾有事」です。きっかけは，2021年に当時の米インド・太平洋軍司令官が「6年以内に中国が台湾に侵攻する可能性がある」と発言したことでした。そして2022年，習近平が異

例の共産党総書記に3期目の就任を果たしたことから，2027年の中国共産党全国代表者大会で台湾統一を輝かしい成果として報告し，その実績を盾に「永久総書記」を目指すのではないか，という観測もあると思われます。さらに2024年1月にも，米インド・太平洋軍司令官が「2027年までに中国が台湾侵攻の能力を完成させる」と発言し，再び世界の耳目を集めました。

　こうして世界中が中国の動静に神経質になるのには，やはりウクライナ紛争の影響が大きいと思われます。口では色々と言っていたとしても，現実問題として露中のような軍事大国が武力行使に踏み切るはずがないと「根拠なき自信」を抱いていた世界の軍事専門家たちの見解が裏切られてしまったからです。以来，2027年台湾有事の危機について激しく警鐘を鳴らす意見が多数派になってきているように思われます。

　一方，2027年台湾有事に否定的な見解も多数あります。まず，現在の中国経済が著しく悪化していることです。不動産バブルが崩壊し，不動産会社や金融機関などが相次いで破綻しているため，著しい信用収縮が生じて，かつての日本のような厳しい経済状況に陥っています。したがって，政権の目下の最優先課題は経済の立て直しにあり，とても他のことに構っていられる余裕がないという事情があります。経済の立て直しということになると，最大の貿易相手国である米国との関係を悪化させるのは得策ではなく，このところ数多く発信される台湾有事を煽るような米国の軍・政府高官の発言等に容易に乗るとは考えにくいのです。

　そして，これは根本的なことですが，中国にとって台湾を何も武力統一する必要はないのです。台湾には親中国の国民党と反中国で独立派の民進党という二大政党があり，この両党が総統選挙の度に勝ち負けを繰り返す政権交代が頻繁に生じます。現在は民進党政権が3期（12年）続いていますが，2028年に予定されている次期総統選挙とその後の立法院選挙で国民党が大勝して，世論が親中国に一挙に傾けば，台湾側から統一を志向するようになる可能性は高いと思われます。中国にとっては，そうした情報工作を続けることで熟した柿が落ちるように待つという「熟柿主義」を採るほうが，武力行使で多大な犠牲を覚

悟するより遥かに賢い選択肢です。まさに「孫氏の兵法」を実践すればよいのです。

　一方，朝鮮半島有事についての客観情勢には不穏なものが見え隠れします。2024年に入ってからも北朝鮮のミサイル実験は止みません。北朝鮮の核攻撃の能力は着実に向上しています。そして，2024年6月にロシアのプーチン大統領が金正恩総書記と平壌で会談し，包括戦略条約に署名しました。これで北朝鮮は軍事的にはロシアという後ろ盾を得たことになります。金正恩の「自信」は大きく増したと言えるでしょう。北朝鮮にも南北朝鮮を統一しようという思惑があります。在韓米軍の撤退論がまことしやかに伝えられる中にあって，朝鮮半島の軍事的プレゼンスは圧倒的に北朝鮮優位です。台湾と異なり朝鮮半島は地続きなので，武力侵攻するのは非常に容易です。かつての朝鮮戦争の時，北朝鮮軍の南進が始まってわずか3日でソウルが陥落したことに鑑みても，ロシアのウクライナ侵攻より急展開になる可能性があります。

　それでは，朝鮮半島有事の方が台湾有事より発生する確率は高いのでしょうか。

　今回の尹大統領による戒厳令発動は，実は朝鮮半島有事を未然に防止するための緊急措置であったという説も一部でまことしやかに流されているようではありますが，こればかりは確認のしようもありません。何よりも，この「大統領によるクーデター未遂事件」をきっかけに，朝鮮半島有事を巡る客観情勢は一変しました。

　台湾同様，韓国にも対北朝鮮融和派の革新政党と対北朝鮮強硬派の保守政党があり，大統領選挙の度に政権交代している状況です。現大統領は保守政党の出身ですから，憲法裁判所の判断が出て失職し大統領選挙が前倒しされるような事態となれば，次期大統領には革新派，すなわち対北朝鮮融和派が当選するのは必至の情勢です。北朝鮮にしてみれば，わざわざ武力行使というリスクを冒す必然性がありません。

　以上，述べてきたように，中朝共に武力を使用せず「熟柿主義」の戦略を採ることは可能なのですが，時間がかかることは事実です。多大な犠牲は出ても，

武力行使には「時間を買う」要素があることは否定できません。中朝両国とも独裁国家であることには変わりがないので，最後の決め手になるのは指導者の「意志」しかありません。この「意志」を読むことが最も難しいことなのですが，周囲の客観的情勢から指導者等の「意志」の強弱を推し量る以外に，未来予測の術がないのが現実です。

「ジョーカー」は世界的なスポーツイベント：
指導者の「意志」を左右するか

　オリンピックのような世界各国が代表を送り出して競技を行う大規模なスポーツイベントは，世界中からの注目度が高いがゆえに，時には政治利用の材料となります。この場合の政治利用というのは主催国側・参加国側の双方からのアプローチがあり，主催国側の例として最も有名なのが1936年のナチス政権下でのベルリンオリンピックです。ある意味で，政治的プロパガンダとして洗練された大会は空前絶後でした。

　主催国側の政治利用の手段がプロパガンダだとしたら，参加国側はボイコットという手段で主催国に圧力をかけます。第二次世界大戦後の事例として最も早いのは，アパルトヘイト政策に反対する先進国の圧力で，南アフリカが1964年東京オリンピックから1988年ソウルオリンピックまでの28年間，出場除外処分を受けていたことがありました。1991年にアパルトヘイト法撤廃方針が発表されたので，1992年バルセロナオリンピックから出場が認められるようになりましたが，オリンピックのボイコットは政治的圧力として一定の効果があると認識されているということです。

　さらに大規模なものとしては，1980年のモスクワオリンピック。共産圏初のオリンピックとして，当時のソ連は国の威信を賭けた大事業と位置づけていましたが，前年1979年に起きたアフガニスタン侵攻に抗議する意味から米国や中国をはじめとする50か国がオリンピックをボイコット，日本も同調しました（ただしイギリス，フランス，スペイン，ポルトガルなど西欧諸国の大半は参加したため，西側諸国がこぞってボイコットするという事態にはなりませんで

した）。

　すると，次の1984年ロサンゼルスオリンピックにはソ連，東ドイツ，ポーランドなど東側諸国がボイコット。表向きの理由は前年1983年に起きた米国のグラナダ侵攻に抗議するという名目ですが，モスクワ五輪ボイコットに対する意趣返しであったことは明白です。

　この両オリンピックの後は，大国が主催するオリンピックへの参加・不参加等が外交上の駆け引きの道具に使われるようになりました。2008年の夏季北京オリンピックがそうです。この頃，中国の人権侵害が国際的に問題視されており，米国をはじめ西側諸国はボイコットをちらつかせて中国に圧力をかけました。

　さらに記憶に新しいところでは，2022年の冬季北京オリンピックの際にもボイコット騒ぎがありました。既に習近平体制になっており米国との対立が激しくなっていた頃なので，この時のボイコット騒ぎはかなり真剣なもので，実際に米国は外交ボイコットまでは実施しました。

　オリンピックのボイコットにどこまで政治的な影響力があるかは定かではありませんが，少なくともオリンピックを国威発揚の道具として真剣に考えている指導者たちの「意志」に働きかけ，新たな摩擦が生じるような動きが抑制される効果はあるのだと思われます。

　その流れで今後のことを展望すると，やはり2028年のロサンゼルスオリンピックの時期に１つの転換点が来るのではないかと考えられます。その時の大統領はトランプですが，彼はこの年の大統領選にはもう出馬しないので，共和党の大統領候補（順当に選出されるならヴァンス副大統領）を支援するためアジアでの新たな軍事活動を抑制するのか，それとも大統領選挙を間近に控えて内戦危機の緊張感が高まっているのか。ひょっとすると，国内の対立が激化していてオリンピックどころではなくなり，オリンピック返上という事態になっているかもしれません。

- 2026年　愛知県で第20回アジア競技大会開催
- 2026年　イタリア（ミラノ・コルティナダンペッツォ）で第25回冬季オリンピック，第14回パラリンピック開催
- 2026年　第23回FIFAワールドカップ（米国・カナダ・メキシコ共同開催）
- 2028年　米国（ロサンゼルス）で第34回夏季オリンピック，第18回夏季パラリンピック開催
- 2030年　フランス（アルプス地域）で第26回冬季オリンピック，第15回パラリンピック開催
- 2030年　第24回FIFAワールドカップ（モロッコ・スペイン・ポルトガル・アルゼンチン・ウルグアイ・パラグアイ共同開催）
- 2032年　オーストラリア（ブリスベン）で第35回夏季オリンピック，第19回パラリンピック開催
- 2034年　米国（ソルトレイクシティ）で第27回冬季オリンピック，第16回パラリンピック開催
- 2034年　第25回FIFAワールドカップ（サウジアラビア開催）

`Column`

歴史を動かした未来予測⑤：
サミュエル・ハンチントン『文明の衝突』と『分断されるアメリカ』

■一世を風靡した『歴史の終わり』

　未来予測の中で最も難しい分野は政治予測ではないかと思います。民主主義国家における選挙結果予測は，明日が投票日というタイミングでもなかなか当たらないものです。為政者を選ぶ国民の心情というのは，時々刻々移り変わるものだからです。

　権威主義国家であれば，なおさら為政者の心の内を推し量ることは容易ではありません。かつてソヴィエト連邦が全盛の頃，「クレムリン・ウオッチャー」と呼ばれる政治アナリストたちは，情報統制の隙間からわずかに漏れてくる指導者たちの肉声や姿から，政策の方向性を探ろうと四苦八苦していました。よって政治分野の未来予測というものは，政治の大きな流れを予測するに止まります。

　そのような中にあって，世界史の大きな転換が20世紀末に訪れました。2度の世界大戦の終結後，世界は資本主義・自由主義陣営と共産主義・社会主義陣営とに分かれる「東西冷戦」構造が50年近く続いていたのですが，1989年にベルリンの壁が崩壊し東西冷戦が終結，1991年には東側の盟主であったソ連が崩壊します。こうした流れを受けて，アメリカの政治学者フランシス・フクヤマが『歴史の終わり』（1992年）を著しました。

　本書でフクヤマが「歴史」と呼んでいるものはイデオロギー闘争のことで，東西冷戦終結で民主主義陣営の勝利が鮮明となり，民主政治が政治形態の最終形であることが証明されたとしています。そして以後は，社会の平和と安定と自由が無制限で享受できる世界秩序が訪れるというユートピア的なトーンで占められています。本書は「共産主義に対する資本主義の勝利宣言」という形で喧伝され，一世を風靡しました。

　確かに，当時の西側諸国の「気分」を象徴していましたが，フクヤマのこのフレームワークはその後の世界情勢の変化から次第に乖離していくのです。

■教え子への反論だった『文明の衝突』

　フクヤマの『歴史の終わり』が出版された翌年の1993年に，政治学者でハーバード大学教授であったサミュエル・ハンチントンが『文明の衝突？』という論文を発表します。この論文は，かつての教え子フクヤマへの反論のような内容でした。

　この時の論文は1996年に『文明の衝突』という大著となって出版されますが，ハンチントンは冷戦構造崩壊後の国際政治を分析する視座として「文明」を取り上げています。そして現在の主要文明を「西欧文明」「ロシア正教会文明」「イスラム文明」「ヒンドゥー文明」「アフリカ文明」「ラテンアメリカ文明」「中華文明」「日本文明」の8つに大別して（日本は単独国家で1つの文明を形成しているとされています），これからの世界秩序は文明間の「衝突」，とりわけ西欧文明と非西欧文明の対立が深刻化するとしています。中でもイスラム文明と中華文明は西欧文明に対する挑戦者として，緊張関係から敵対関係に進行していく可能性があることに言及しています。

　発刊後本書は，2001年の全米同時多発テロ事件とそれに続くイラク戦争，アフガニスタン紛争などを予見したものとして注目されました。また，トルコのエルドアン大統領の「文明の同盟」構想にも影響を与えたと言われています。そして，2022年に勃発したウクライナ紛争や，イスラエルとイスラム諸国の対立に関しても，『文明の衝突』のフレームワークが依然として有効であることを示しています。

■現時点で最大の地政学リスク・米国内戦を予言した『分断されるアメリカ』

　更にハンチントンは，2004年に『分断されるアメリカ　－ナショナル・アイデン

ティティの危機－』を著しました。フクヤマの楽天的な未来像を否定して米国の「外なる危機」に警告を発した後，立て続けに「内なる危機」に対しても警告を発したのです。

　ハンチントンは米国の元々のナショナル・アイデンティティが，アングロ・アメリカンとしての「人種」「民族性」「信条」「文化」の４つにあったにもかかわらず，グローバリズムの進展（本書では実際にはこの言葉は用いられていませんが，言いたいことは同一だと思います）と移民の増加により，４つとも希薄化してしまい，米国社会がアングロ・プロテスタントとヒスパニックの２つに分断されつつあると述べています。

　20年前に，まさに現在進行中の現象をほぼ正確に言い当てており，『文明の衝突』に続き，ハンチントンの慧眼には目を開かされる思いです。確かにハンチントンは，内戦の恐れにまでは言及していません。しかし，『文明の衝突』で書かれたことと同様に，分断が進むことは「衝突」の危険性を高めるのは疑いのないことでしょう。

第5章
データを読み解く際の注意点

第4章で様々なスキャニング・マテリアルを紹介しましたが，本章ではそうしたデータを読み解く際の注意点について，いくつかにまとめてご紹介します。

1 「予測」「計画」「目標」の違いに注意

(1)「なる」未来予測と「する」未来予測

　野村総合研究所（NRI）が「NRI未来年表」の制作・発表を始めたのと同じ頃，博報堂生活総合研究所（生活総研）も「未来年表」の制作を開始しました。どちらも政府・国際機関・大学・各種研究機関等が公表する未来予測に関するデータをまとめて紹介するというアプローチは一緒でしたが，「NRI未来年表」は小冊子形態で毎年，生活総研の「未来年表」は立派な単行本という形で数年おき，といった具合にアウトプットの形態が違っていました。その後，生活総研の「未来年表」は公式サイト上のコンテンツに形を変え，現在も更新が継続しています（「NRI未来年表」は小冊子形態を変えていません）。

　コンテンツをサイト上に格納すれば，データがアップデートされる度に内容を更新できますので，機動的な展開が可能になります。また，情報量を増やすことも容易です（小冊子形態ですと収納できる情報量が限られるため，毎年増え続ける情報の取捨選択に非常に頭を悩ませていました）。情報の一覧性という点において小冊子形態は優れているので優劣はつけられませんが，検索機能

のついたサイト上で年表形式のデータを展開してくれるのは便利なものです。

　さて生活総研の「未来年表」ですが，内容をつぶさに見ていくと，データの出典や発表年の他に「類型」というラベルが貼られているのがわかります。その類型とは「予測」「推計」「計画」「政策目標」の4種類です。「推計」には語感のうえで未来のイメージが少ないのですが，「予測」「計画」「目標」の違いは非常に重要です。

　例えば，ある商品の将来の市場規模が「2040年に100億円」と記述された場合，これが「予測」であれば現状から客観的データを活用しながら一定のロジックで数値の帰趨を見通したものであり，蓋然性が比較的高いものと判断できます。一方，「目標」であれば，この数字には「ありたい姿」という希望的観測が含まれるので，実現可能性にはやや疑問符がつくこともあります。そして，「計画」には「目標」に向けての段階を表す場合が多く，ある程度手堅い見込みの積上げとなるため，こちらも蓋然性は比較的高くなります。

　要するに，未来の姿には「なる」ものと「する」ものとがあり，「なる」ことを展望するのが「予測」で，「する」ことを展望するのが「計画」「目標」という違いではないかと思います。この違いはデータの性格上，かなり大きなものと言えるでしょう。

　したがって，情報を検索している中で「2040年に100億円」の類の記述を見つけた場合，すぐ飛びつくのではなく，その数字が出て来た背景やロジックをきちんと検証して，「予測」か「計画」か「目標」かを判断し，峻別して扱わなくてはなりません。

（2）ジャンルごとの特徴

　第4章でスキャニング・マテリアルを紹介しているときにも，「予測」「計画」「目標」の違いについては端々で触れていましたが，その辺りのジャンルごとの特徴について改めて整理しておきたいと思います。

　最初の「1　人口動態」の中で紹介したデータの大部分は「予測」に該当するものです。人口に関するデータは豊富に存在し，予測の方法論も確立されて

いるので，戦争や疫病等の不測の事態で死者数が突然増加するようなことでも
ない限り，大きく変わるものではありません。

　一方，「3　インフラ整備」で取り上げた項目には「計画」が多くなってい
ます。建設投資額は予算化されており，着実に積み上げていけば達成可能なも
のだからです。しかし，第4章でも書きましたが，昨今は財政難や反対運動等
の阻害要因も多様化・複雑化しており，「計画」の狂いが生じやすくなってい
ます。リニア中央新幹線のように，当初は「計画」であったものが，いつの間
にか「目標」にすり替わっている例も増えているので，注意が必要です。

　「2　環境・エネルギー」のところは，主にシミュレーション法に基づく
「予測」と，それを前提とした「目標」で占められています。ただ，「目標」と
いっても，第4章で述べたように，各国政府が「国際公約」「必達目標」と位
置づけているものが多いため，未来予測にある程度の蓋然性が見て取れます。

　「4　天体・天文・宇宙開発」の中の天体や天文についての記述は確実な
「予測」です。まず狂いはありません。宇宙開発については，かなり綿密に練
り上げられた「計画」が多いので実現可能性が高いはずなのですが，ロケット
打ち上げの失敗や探査衛星の故障等も多く，非常に難度の高いオペレーション
が伴うため，実際は五分五分といったものが多いのも現実です。

　「5　テクノロジー」の予測については，第3章で紹介したデルファイ法等
を用いて緻密になされるのですが，定性的な方法論を採らざるを得ない場合も
多いので，あまり高い蓋然性が期待できるものではありません。未来の方向性
を知るという位置づけになるでしょう。

　「6　経済・産業」の中のマクロ経済に関しては，現実のデータと確立され
たロジックによる「予測」なのですが，長期になればなるほど，ロジックを覆
すような不測の事態が生じることも多く，なかなか判断が難しい場合がありま
す。産業についての未来予測は大部分が「目標」です。ベクトルはわかっても，
実現可能性についての信頼度はあまり高くないものが多いです。

2　出典は必ず一次資料を当たる

　未来予測に関するデータを収集する際，色々と検索をしていると真っ先に引っかかってくるのが大体，新聞記事です。新聞記事はキャッチーな見出しにポイントを要約してくれているので，メッセージがよくわかり重宝です。

　ただ，あまり大きな声では言えませんが，新聞記事というのは往々にして間違っていることがあります。マイナス成長のところをプラス成長と間違えるような事実誤認こそありませんが，数字の解釈や説明を要約し過ぎていることが多いので，本来の意味が曲解されやすくなっている危険性があるのです。

　政府機関や各種研究機関等が予測を発表する場合，本報告書とは別に報道発表用のプレスリリースを作成します。筆者もNRIの広報課長時代に年間数十本のプレスリリースを作成していたのでよくわかるのですが，発信する側の立場からすると，記事として取り上げてもらうためには，社会に対して何かしらのインパクトのあるメッセージを，端的に短く記述する必要があります。何せ当時は，記者が1件のプレスリリースに目を通す時間は「2秒」と言われていましたから，そこで目に止まらなければ記事になりません。

　そのため，予測データを出す側としては，例えば予測数値として複数のシミュレーション結果があった場合に，最も穏健なものではなく，最も極端なもの（高い場合もあれば低い場合もある）を提示して，記者たちの目を引こうとする傾向があることは否めません。

　そして，記事を書く記者も多忙であり，1件の発表の原稿執筆に割く時間はあまり取れないので，その数値を導き出す際の前提条件や手法などについて，記事のうえで言及することはほとんどありません。

　こうして，ある種「極端な」数字が独り歩きしたような未来予測に関する記事が紙面を飾り，それを読んだ人が予測結果について誤解したまま使ってしまうという流れになりやすいのです。

　未来予測に限った話ではありませんが，各種のデータを読み解く場合は，新

聞記事やネット上のブログ記事などの二次資料ではなく，必ず原典である一次資料に当たるべきです。

　生活総研の「未来年表」は情報量が多く使い勝手も非常によいのですが，出典を新聞記事にしているものが多いので，前述の点に関してはやや注意する必要があります。仮説を作る際に様々なデータを概観するにはよいのですが，実際に活用する場合には「資料」として掲載された引用元（一次資料）に当たる必要があります。ただ，中には引用元が古い資料（例えば2008年頃のもの）であったり，出典となった新聞記事を書いた記者の取材であることも多く，今になってからの検証が難しいものも散見されるので，一次資料の探索には注意が必要です。

3　統計数値や予測数値がいつの間にか変わることがある

　「政府が発表する統計数値が変わることがある」と言われてもにわかに信じられないかもしれませんが，これは事実です。最もわかりやすい例として，GDP統計を取り上げてみましょう。

　GDP統計は「国民経済計算」というのが正式な名称です。一定期間に国内で生産された財・サービスの付加価値の合計のことで，一国の経済活動の規模を表す最も基本的な経済統計です。四半期ごとに対前期比のGDP成長率が内閣府から発表され，その数値が上がった（プラス成長だった）か下がった（マイナス成長だった）かによって，景気が上向いているのか，それとも不景気に向かっているかを判断する材料となり，政府・日銀の政策や企業の投資などに多大な影響を及ぼします。

　まず，このGDP成長率には「1次速報」「2次速報」そして「年次推計」の3種類があるのです。1次速報は四半期終了から約1か月半後に発表されるもので，この結果は大々的に新聞記事やテレビニュースになって流れるので，人々の記憶に非常に強く残ります。例えば，「10年ぶりの下げ幅だった」というような話になると，世の中は大騒ぎとなります。

　そして，その余韻が残る中，１次速報の約１か月後に２次速報が発表されます。１次速報発表の後に発表された基礎統計（主に法人企業統計季報）の結果が反映されるので，その段階で１次速報の数値が大幅に変更されることがしばしばあります。極端な例では，１次速報では大幅なマイナス成長だったものが，２次速報ではプラス成長に変わっていたということも生じます。２次速報の結果もマスコミで報じられますが，個人的な印象では１次速報のときより大々的ではないような気がしてなりません。よって，１次速報の結果がインパクトの強いものであるほど，たとえ２次速報で結果が修正されたとしても，人々の認識・記憶を改めるまでには至らないといった事態が起こるのです。

　さらに，４度GDP速報が発表された後には，１年分をまとめた「年次推計」が公表されます。かつて「確報」と呼ばれていたものです。速報と年次推計の時間的な関係を説明すると，毎年12月にその年の７－９月期の四半期GDP成長率の２次速報が発表されるのとほぼ同時に，前年度の年次推計が発表されるという段取りになります。

　年次推計には企業の決算データ等も踏まえて，速報値がだいぶ修正された年間のGDP成長率が表記されているのですが，読む側からすると，ほぼ１年前の経済情勢の振り返りでしかありません。年末になってからようやく前年のGDPのことを聞かされても，「去年はプラス成長だったんだ」とか「去年は景気が悪かったんだね」というような他愛のない会話になるだけで，自分たちの足下の経済状況を考える際に役立つわけではありませんから，人々の記憶にはほとんど残らないのです。年次推計を重視しているのは，過去の経済情勢を検証したがる官僚や経済学者・研究者くらいではないでしょうか。

　また，この年次推計の数値も絶対ではありません。前年度のデータをまとめて12月に発表されるのは「第一次年次推計」であり，その１年後に「第二次年次推計」（かつては「確々報」と呼ばれていました）が，さらにその１年後に「第三次年次推計」が発表され，これでようやく確定です。したがって真のGDPの値が決まるのは，該当年終了の３年後なのです。発表された政府統計の数値が不変だと思っている人にとっては，実に意外なことではないでしょう

か。

　さらに，まだこれで終わりではありません。GDP統計はほぼ５年に１度の頻度で「基準改定」ということを実施します。「国勢調査」や「産業連関表」といった基礎統計が５年に１度の頻度で最新版が登場するので，その結果を踏まえて過去の数値を修正する作業を行うのです。

　つまり，GDP統計というのは常に過去に遡って数値を修正するという作業を続けているので，いつの間にか過去に見た統計書の数値と変わってしまっているという事態が生じるのです。

　GDP統計は極端な例かもしれませんが，他の政府統計や予測資料も定期的な見直しが入ることがあるため，一度発表されたデータについても，アップデートされていないかを活用時に再確認しておく必要があります。

　未来予測データで定期的に更新されていくタイプのものについては，第４章でもいくつか紹介しましたが，改めてまとめてお伝えすると，まず「人口動態」の予測はそれに該当します。日本の「将来推計人口」は５年おきに最新のものが公表されます。人口動態予測は予測周期が比較的短い国が多く（ドイツ３年，英国２年，スウェーデン１年），５年周期というのは他の主要国では韓国とフランスくらいです（米国はもっと長く10年周期ですが）。国連の人口予測も２年おきです。予測データの基本中の基本である人口動態でも，かなり頻繁に更新されるので，注意が必要です。

　エネルギー需給に関する未来予測も，IEAが毎年11月頃に更新しています。エネルギー需給には経済的な要因も大きく影響しますので，各国の毎年の経済状況を踏まえて頻繁に見直す必要があるからです。

　第４章の「６　経済・産業」の「（４）建設・不動産・物流」の中で紹介したNRIの「新設住宅着工数」「空き家率」「リフォーム市場規模」についても，毎年の実測値に基づき，未来予測が更新されています。

4　類似データに注意が必要

　第4章では未来予測に使える各種データを紹介しましたが，基本的には1つのジャンルについて最も汎用性の高いデータソースを1種類ピックアップして記述してきました。

　しかし，当然のことながら，1つのジャンルには発信する機関が異なるいくつもの未来予測データが存在します。例えば，日本の将来人口推計ですが，今でこそIPSS（国立社会保障・人口問題研究所）から発信される予測が唯一となっていますが，かつては日本大学人口研究所も独自の将来人口推計を実施しており，両者の数値にはかなりの違いがあったものです。

　こうした複数の機関から類似データが発信されている場合，どれを採用したほうがよいのか，という悩みが生じるかもしれませんが，それは「未来予測としてどちらが正しいのか」ということで決める問題ではありません。

　もう少し具体的に見てみましょう。現在，類似データが最も多く発信されているジャンルは，やはり気候変動ではないかと思います。本書では，TCFD情報開示に準拠したものという趣旨から，IEA（国際エネルギー機関）やIPCC（気候変動に関する政府間パネル）が打ち出した「2℃シナリオ，4℃シナリオ」を主に紹介しましたが，その他の主要な気候変動シナリオには次のようなものがあります。

　「NGFS（気候変動リスク等に係る金融当局ネットワーク）シナリオ」は，文字どおり中央銀行や金融監督当局が参加するネットワークで，気候変動に関する潜在的未来を探索する過程で，金利や為替，株価などの市場リスクを提供しているところに特徴があります。シナリオには「2050年ネットゼロ（1.5℃）」「分岐型ネットゼロ（1.5℃）」「2℃抑制（1.7℃）」「遅れての移行（1.8℃）」「各国削減目標（2.5℃）」「現行政策維持（3℃）」の6種類があり，「現行政策維持」「2050年ネットゼロ」「遅れての移行」の3種類が利用されることが多いです。

　もう1つ，「共通社会経済経路（SSP）シナリオ」はIPCC第6次報告書の中で使用された社会経済シナリオで，気候政策がない場合に世界がどのように発展するかの5つの異なる道筋を検討したものです。その5つとは「SSP1：持続可能シナリオ」「SSP2：中道シナリオ」「SSP3：地域対立シナリオ」「SSP4：格差シナリオ」「SSP5：化石燃料依存シナリオ」です。

　ただし，ここでNGFSの3シナリオとIEAのシナリオのどちらが正しいかを議論することは意味がありません。気候変動のシナリオは分析機関や用いるモデルによって異なり，各分析機関がそれぞれ妥当と考える前提に基づいて2050年の予測を行っているからです。

　では，このように類似データやシナリオが数多くある場合，使用する側はどのように取捨選択すればよいのでしょうか。企業が事業計画を作成する際に気候変動の未来予測を活用する場合は，それぞれのシナリオが抽出した気候関連リスクと機会が自社の事業価値にどのような影響を与えるかを検討して，経営戦略に落とし込むことができるかどうかにより判断していくことになります。

　未来予測の類似データは，自社の事業内容やデータの活用目的に応じて，使い分けていくのが常道です。そのためには，数値が導かれていくロジックや前提条件等も踏まえる必要があります。

5　「意志」を確認することの重要性と困難さ

（1）「意志」確認の重要性

　本章冒頭で整理したように，未来の姿を大別すると「なる」ものと「する」ものとがあります。人口動態などが「なる」未来予測の典型で，現状のまま推移していくと日本の総人口は2100年に6,125万人に「なる」ということです。そのようにしたくなければ，今から何か手を打たなくてはならないので，少子化対策を検討する際の基礎情報とするため未来予測データが必要となるのです。

　一方，「する」未来予測に関しては，その未来の姿が実現されるかどうかは，

まさに人の「意志」が関わってきます。例えば，「2050年までに温室効果ガス排出量を実質ゼロに」という日本のカーボンニュートラル宣言は，国際公約として必達目標に掲げたわけですから，世間体を気にする日本人の性格から考えても，そこには強い「意志」が感じられるので，実現可能性が高いと判断されるのです。

「する」未来予測のうえで「意志」の有無がどれほど重要かを説明するために，少し極端な事例かもしれませんが，わかりやすいので，ここでは「地政学リスク」の重要な要素である核武装リスクを取り上げてみたいと思います。

まず，国家が自力で核武装するための条件として，次の5つが挙げられます。

① 核物質の調達力
② 核開発及び運用に関する技術力
③ 核兵器の運搬手段
④ 資金力
⑤ 核保有の意志

現在，世界に向けて核保有を宣言している国は8か国あります。国連安保理常任理事国である米英仏露中の5か国とインド，パキスタン，北朝鮮です。いずれの国も上記①から⑤の条件を満たしています（北朝鮮が④の条件を満たしているか甚だ疑問ではありますが，かつての中国もそうであったように，国民を餓死させても核開発を止めないという指導者の強い「意志」は確認できます）。

現在，紛争当事国であるイスラエルは核保有について肯定も否定もしない方針を貫いていますが，どう考えても①から⑤の条件を満たしているため，核保有が確実視されています。

翻って日本はどうでしょうか。客観的・冷静になって考えれば，日本は①から④の条件までを見事に満たしています。

核兵器に使用される核物質はウランとプルトニウムの2種類です。「①核物

質の調達力」に関して，日本は天然ウランの産出量は微々たるものですが，代わりに原発から出てくる核廃棄物のプルトニウムを大量に保有しており，これを核兵器の材料に転用できます。そして原発の開発・運用の実績を豊富に持っているので，「②核開発及び運用に関する技術力」は申し分ない。「③核兵器の運搬手段」というのは，文字どおり核兵器を攻撃目標まで運搬するもので，戦略核兵器の場合，大陸間弾道ミサイル（ICBM），潜水艦発射弾道ミサイル（SLBM），そして戦略爆撃機の3種類があります。このいずれかを保有していないと，いくら核弾頭を多数保有していたとしても「宝の持ち腐れ」となってしまいます。日本はロケットを自力で打ち上げて，人工衛星を軌道に乗せる技術を有し実績も豊富です。すぐにでもICBMに転換できます。

　もっとも今では核兵器の小型化が進み，戦術核と呼ばれるものは通常ミサイルに搭載できますし，極端な例としては「ナップサック・ボム」と呼ばれる人力で運べるものも登場しているようなので，かつてほど運搬手段が問われることはないのかもしれませんが，それでも核弾頭の小型化技術は容易に開発できるものではありません。

　そして「④資金力」ですが，核兵器の開発・運用には莫大な費用がかかります。米国がマンハッタン計画で初めて核爆弾を開発したときの費用は約20億ドル，現在の価格に直すと約288億ドル（約3兆円）と言われています。そして，核兵器廃絶国際キャンペーン（ICAN）の推計によると，2020年時点で核兵器保有9か国（米英仏露中印パ，北朝鮮にイスラエルも加える）の核兵器製造・維持に使用した費用が726億ドル（約7兆9,000億円）に上るとされています。莫大な費用には違いありませんが，日本の現在の財政力を考えると負担可能な額ではあります。

　このように客観的・冷静な分析をすれば，日本はいつ核保有国になっても不思議ではないのです。しかし，日本がイスラエルのように核保有疑惑を持たれたことは一度もありません。唯一の戦争被爆国という歴史，そこから来る国民感情や非核三原則の存在もあって，「⑤核保有の意志」がないことが明白であり，それを世界が知っているからです。

　このように，「する」未来予測に関しては「意志」の問題が非常に重要です。かつてトランプ米大統領が日本の核保有について，安倍元首相に対し容認する発言をしたことがあるのですが，安倍元首相はそれを受け入れなかったという「噂」があります。今となっては確認する術はありませんが，このように「意志」がなければ未来に向けて何も起こらないのです。

　一方で，「意志」というものは一瞬で変わる可能性もあります。いつ，その「意志」が変わるのかについては，心理学が発達すればやがて予測できるようになるのでしょうか。少なくとも現時点では，人の気持ちの変化は「神のみぞ知る」というところでしょう。

（2）日本人の「ホンネ」を確認することの難しさ

　これまで見てきたように，「する」未来予測については当事者の意志の確認が重要なのですが，日本人相手ではこれが本当に難しい問題なのです。要するに，日本人はなかなか「ホンネ」を言わないからです。

　筆者はNRIの若手経営コンサルタントの頃から，日本人に対する様々な意識調査・マーケティング調査を幾度となく実施してきましたが，そのときの経験を踏まえて言うと，日本人は，たとえ無記名の調査であったとしても，自分の旗幟を鮮明にすることを嫌がります。

　例えば意識調査等において，意見質問に対する回答を「はい」「いいえ」「どちらともいえない」の3択にしてしまうと，概ね過半数の回答者が「どちらともいえない」を選択します。これでは，ある意見に対する賛否が果たしてどうなのかを明確にすることなど叶いません。だからといって，「どちらともいえない」を選択肢から省いて，イエス・ノーのどちらかを答えざるを得ないような質問文の設計をしたとします。すると何が起こるのかというと，「無回答」が激増するのです。その設問に対して過半数が「無回答」だったとしたら，やはり結果は同じことです。

　最近の世論調査はネット調査が中心でしょうから，「無回答」のままだと前に進めない仕組みになっています。二択の場合，旗幟を鮮明にせざるを得ない

わけですが，そう迫られると回答者はアンケートを途中で止めてしまうかもしれません。つまり二択を迫る設問が多いと，アンケート調査自体の回収率・回答率が非常に悪くなる恐れがあるのです。最近のアンケート調査結果を見るとサンプル数のみの表記で，回収率・回答率が明記されていないものも多いので，そのことを検証することは難しいですが。

　また，日本人は「タテマエ」と「ホンネ」を使い分けるともよく言われますが，それを如実に感じるのは，投票行動に関する調査結果を見たときです。国政選挙の度に各報道機関が有権者に対して事前の世論調査を行い，「次の選挙の際に投票に行くか」と尋ねると，かなり高い割合で「行く・必ず行く」という回答があり，「世論の関心の高さがうかがえます」という趣旨の記事が書かれることになります。しかし，実際は毎回「開けてビックリ」という結果になっています。

　具体的に見てみましょう。記憶に新しいところで2024年10月 9 日に衆議院解散となり，総選挙に向けての火蓋が切って落とされましたが，この時の有権者の投票行動についての分析です。

　NHKが投票日 1 週間前に電話世論調査（RDD方式）で，有権者の投票行動について調査を実施しています（回答者数：2,524人）。これによると，「投票に行きますか」という質問に対して「期日前投票をした」という回答が8％，「必ず行く」という回答が51％でした。NHKはこの 2 つの合計値である59％という数字を「投票に前向きな有権者の割合」，すなわち予想される投票率として公表しています（ちなみに，その次の段階である「行くつもりでいる」という回答は26％でした）。しかし，実測されたこの選挙の最終投票率は約54％で，その差約 5 ％でした。

　過去に遡って見てみましょう。NHKでは2018年より同種の方式での調査を実施していますので，それ以降に実施された国政選挙の際の調査結果を引用します。

　2022年 7 月に参議院議員通常選挙がありましたが，この時の事前電話世論調査（回答者数：2,035人）では，「期日前投票をした」という回答が11％，「必

ず行く」が48％で合計59％。この時の最終投票率は約52％で，差分は約7％。

　2021年10月実施の総選挙の際（回答者数：3,157人）は，「期日前投票をした」という回答が9％，「必ず行く」が52％で合計61％。この時の最終投票率は約56％で，差分は約5％。

　2019年7月実施の参議院議員通常選挙の際（回答者数：2,083人）は，「期日前投票をした」という回答が11％，「必ず行く」が46％で合計57％。この時の最終投票率は約49％で，差分は約8％。

　このように，投票に行くという「意志」と実際の投票行動の乖離が毎回5〜8ポイントあることがわかります。投票率については毎回1％増減してもニュースになるほどですから，この差は「誤差」といって無視できるものではありません。

　調査方法が電話調査なので，回答者の身元がわかってしまうのではないかという懸念から，電話口で「格好つけて」回答してしまった人が多いという可能性が高いと思われますが，まさに日本人の「タテマエ」と「ホンネ」の落差を見せつけられる事例かと思います。

図表5−1　　国政選挙の投票意向と実際の投票率の乖離

（単位：％）

	期日前投票をした	必ず行く	計	実際の最終投票率	差分
第50回総選挙 （2024年10月実施）	8	51	59	54	+5
第26回参議院議員通常選挙 （2022年7月実施）	11	48	59	52	+7
第49回総選挙 （2021年10月実施）	9	52	61	56	+5
第25回参議院議員通常選挙 （2019年7月実施）	11	46	57	49	+8

（注）「実際の投票率」は小数点第1位で四捨五入している。

　もっとも，有権者の投票行動予測の難しさは米国も同様です。例えば2024年の大統領選挙戦の中で，ハリス支持かトランプ支持かを尋ねる電話世論調査が何度も行われましたが，大概ハリス支持が上回っていました。選挙戦終盤になると，ハリス支持とトランプ支持が拮抗する調査も現れましたが，それでも「拮抗」というレベルであり，しかし，米国ではSNS等を通じて，トランプ支持者に対し「低学歴・低収入・衰退産業従事者」というレッテル貼りが横行し，マスコミもそれに便乗したきらいがあるものですから，表立ってトランプ支持を表明することが憚られる雰囲気がありました。そのため日本と同様に，有権者は敢えて「ハリス支持」と回答してみたり，「まだ決めていない」と躱したりする傾向が強いのですが，実際は「隠れトランプ支持」がかなりの割合で存在したのです。実際，2016年の米大統領選挙に引き続き今回の選挙でも，事前世論調査で民主党候補（2016年はヒラリー・クリントン）がトランプに対して有利とされていたにもかかわらず，結果は周知のとおりです。

　話を戻しますが，政治向きのテーマだけでなく，一般的なマーケティング調査でも日本人は「ホンネ」を言わない傾向が強いです。筆者はかつて，新商品・新サービスの需要予測をいくつも実施しました。方法論としては，リリース前に消費者に対してアンケート調査を実施し，その利用意向等の数値から売上規模等を推計するのですが，大概，利用意向の割合は想定よりも多めに出ることが多かったです。こういうところにも，日本人の「ホンネを言わない」「ええかっこしい」の一面が出るものだと当時思った次第です。

　未来予測の話題に戻しますが，こうした日本人の特性があるため，未来の市場規模予測，とりわけ消費財の市場規模予測については，慎重に見ていく必要があります。というのも，当該商品の潜在需要を推計するためには，大概消費者調査を実施するものであり，その結果は往々にして利用に前向きな方向で過大に出ている可能性が高いからです。

　無論，手慣れたマーケターであれば，こうした日本人の消費性向を知っているので，調査結果の数値が過大と判断すれば一定のロジックをもって補正してくるでしょうが，予測数値を活用する側も日本国内の市場規模予測を見る場合，

ここで述べてきたことを頭に入れておいた方がよいと思います。これは，そうした数値を「作ってきた」者からのアドバイスでもあります。

Column

歴史を動かした未来予測⑥：アル・ゴア『不都合な真実』

■最も影響力のあった未来予測

　地球環境問題，とりわけ温室効果ガスの影響による地球温暖化問題に警鐘を鳴らした作品としてあまりにも有名です。同名の書籍もありますが，元は2006年全米公開のドキュメンタリー映画で，ショッキングな映像の連続が強い印象を残し，第79回アカデミー賞長編ドキュメンタリー映画賞を受賞しました。

　脚本・主演が米国副大統領を務めた大物政治家であるがゆえに，政治的プロパガンダなのか，科学的予測なのかで大論争を招きましたが，そこで語られた未来予測が「真実」であるという印象を全世界に強く与えたという意味で，『成長の限界』以来最も影響力のあった未来予測ではなかったかと思います。

　ゴアは2007年のノーベル平和賞をIPCC（気候変動に関する政府間パネル）と共同受賞し，この年にインドネシアのバリ島で開かれたCOP（国連気候変動枠組条約締結国会議）13は過去最大の盛り上がりを見せ，排出量削減目標の策定義務化を定めた「パリ協定」（2015年）への道筋を作ることに貢献したのではないかと思います。

　そして現在では，先進国を中心にカーボンニュートラル（CN）宣言が発せられ，2030年ないしは2050年時点での温室効果ガス削減目標を「必達目標」として国際公約するまでになりました。先進国の産業構造や人々の暮らしを大きく変化させる可能性があるほどの影響力を及ぼすようになっています。

　ただし，「未来予測」という観点から地球環境問題を考えると，果たして現実が予測結果のように推移しているのかという点で，常に大いなる疑義が提示されていることには留意しなくてはなりません。

おわりに

　本書執筆中にも，世界や日本では実に様々なことがありました。

　2024年は近来稀に見る選挙イヤーで，世界各地で重要な選挙が執り行われました。まず1月の台湾総統選挙で与党民進党の頼清徳が勝利し，独立派の総統がさらに4年間続くことになりました。3月にはロシア大統領選挙が行われ，現職のプーチン大統領が再選。7月に英仏で総選挙が行われ共に与党が敗北し，英国では政権交代が起きました。米国は大統領選挙戦真っ最中でしたが，共和党トランプ候補の暗殺未遂事件や民主党バイデン大統領の選挙戦撤退・ハリス副大統領への候補者差し替えなど驚愕の出来事が立て続けに生じ，結果的にはトランプ候補が激戦州を全て制する圧勝に終わりました。大統領選と同時に実施された上下両院議員選挙でも共和党は過半数を制し，米国政治の図式は一夜にして変わったのです。

　そして日本でも，岸田首相の自民党総裁選への突然の不出馬宣言，史上初の9人の候補による総裁選，石破内閣の発足，解散総選挙，そして与党過半数割れと，年末に向けて急速に政治情勢が変わっていきました。

　地政学リスクに目を向けると，ウクライナ紛争には一定の方向性が見えてきたのですが，対して，イスラエルを巡る中東情勢は年末に向けて緊迫度を増しており，この先果たしてどのような展開になるか，世界が固唾を飲んで注目しているところです。

　経済情勢でいうと，2月に日経平均株価が34年ぶりに史上最高値を更新したかと思いきや，8月には下落幅4,400円超という歴史的な暴落を記録し，その後の株式市場は金利・為替等の動向に非常に敏感なマーケットに変質しています。年末こそ再び40,000円台を伺う情勢となりましたが，これとても2025年には米国の利下げ，日本の利上げがほぼ既定路線となっている以上，予断を許さない展開が容易に予想されます。

　このように，足下の政治・経済情勢は目まぐるしく変化し，短期的には非常

に先が読みにくい混迷の時代となっているのですが，そうした中にあって，10年先，20年先，果ては50年，100年先の未来を予測・展望するに当たっては，未来社会の「構造」を理解する必要があると思います。むしろ「構造」さえ理解してしまえば，たとえ目先で様々な変化が起ころうとも，その先を見据えることはさほど困難なことではありません。

　本書は，未来予測という作業を通じて，そうした未来社会の「構造」を理解するためのお手伝いをするという意図で執筆されたものです。

　そして本書の中でも度々申し上げているとおり，未来予測は決して「当てもの」ではありません。予測が「当たったか／はずれたか」が問題ではなく，明るい未来予測となった場合には，どうすればその方向性をもっと推進できるのか，暗い未来予測になった場合には，どうすればその悪影響を回避・軽減できるのか，施策を考えるための材料なのであり，目的は企業であれば経営戦略・事業戦略の立案，地方自治体であれば政策立案にあるのです。

　したがって，予測を予測のままに終わらせるのではなく，その結果を次なるアクションに結びつけていかないと，折角，未来予測をした意味や甲斐がないというものです。

　このことについて，筆者には1つの苦い思い出があります。もう30年以上前のプロジェクトの話なのですが，テーマは「新規参入による市場シェアの変化予測」というものでした。

　少し具体的にお話ししましょう。あるサービス市場において，ガリバー的な地位を占めていたA社という企業がありました。そのA社からの依頼です。

　A社は長らく当該市場をほぼ独占していましたが，そこに強力な新規参入者が現れ，価格破壊で市場シェアを奪おうとしてきました。ここにおいて，A社は改めて「競争戦略」を考えなくてはならない局面に立たされたのでした。

　そのために，まず検討しなくてはならないのは，新規参入により市場シェアがどの程度奪われるのか，を知ることです。そこでNRIに対して，新規参入により市場のシェアがどの程度奪われるのかを予測し，それに備えるための営業

戦略を立案してほしいという依頼が来ました。このプロジェクトに筆者は参画し，主に市場予測を担当しました。

　そして企業アンケート調査等の手法を駆使して，新規参入者が「１割安」「２割安」の価格で市場に参入してきた場合，Ａ社のシェアがどの程度奪われるのかを推計し，そうならないために今から手を打つべき施策についても提言をまとめました。最終報告がＡ社の社長に対して直接プレゼンする形で行われ，これをもって当該プロジェクトは終了しました。

　ところで，この話はこれで終わりではありません。むしろ後日談こそが重要であり，「おわりに」でお伝えしたいことなのです。

　いよいよ新規参入が始まってから１年後くらいに，当時のNRIのある役員が件のＡ社社長と面談する機会があり，その場で「NRIさんの予測が見事当たりました」と言われたそうなのです。筆者は間接的にこの話を聞きました。

　この役員はコンサルティング事業の担当ではなかったので，筆者が参画したプロジェクトの経緯等について一切関知していません。そのため，役員は好意でＡ社社長の「お褒めの言葉」を伝えたつもりだったのでしょうが，これを聞いて筆者は愕然としました。脱力してしまったと言ってもいいかもしれません。

　市場シェアの予測というのは，例えば新規事業者がＡ社の「２割安」の料金で参入してきた場合に，「Ａ社が特段の施策を打たなかったとしたら」どのくらいシェアを奪われるか，ということなのです。つまり，この予測が当たったのだとしたら，結局，Ａ社はこの１年間「何もしなかった／できなかった」のであり，筆者らの提言というのは結果として役に立ててもらえなかったということを意味しているからなのです。

　長くなりましたが，このエピソードからお伝えしたいことは，繰り返しになりますが，未来予測の目的は「当たった／はずれた」という「当て物」をすることではありません。予測結果を踏まえて，それをさらに推進するため，もしくは，そうした予測結果どおりにならないために，何らかの施策を打つことにあるのです。予測の作業のみに終始し，その後無策であったとしたら意味がないのです。Ａ社のプロジェクトの顛末は，このことをよく教えてくれる事例

144

ではなかったかと思います。

　最後に，本書の執筆を応援してくれた妻でスクリーボ合同会社代表社員の小笠原玲子に心より感謝の念を表したいと思います。

　本書が少しでも皆さまのお役に立てたようでしたら，これに勝る幸甚はございません。

　スクリーボ合同会社では，本書で述べてきた「未来予測」及びその周辺分野をテーマにした講演や研修の依頼をいつでもお引き受けしております。ご関心のある方がいらっしゃいましたら，是非ともご連絡下さいますよう，よろしくお願い申し上げます。

　連絡先は　contact@scribo.co.jp　です。

　皆さまからのご意見・ご要望も併せて承りたく存じます。

2024年12月

小笠原　雅則

〈主要参考文献・サイト〉

野村総合研究所『NRI未来年表2025-2100』

博報堂生活総合研究所『未来年表』（https://seikatsusoken.jp/futuretimeline/）

Rafael Popper's Blog（https://rafaelpopper.wordpress.com/foresight-methods/）

EFMN "Global Foresight Outlook 2007"

金間大介『技術予測　未来を展望する方法論』（大学教育出版，2011年）

独立行政法人科学技術振興機構研究開発戦略センター『戦略立案の方法論　〜フォーサイトを俯瞰する〜』（2011年）

文部科学省『令和2年版科学技術白書』（2020年）

環境省『TCFDを活用した経営戦略立案のススメ　〜気候関連リスク・機会を織り込むシナリオ分析実践ガイドver3.0』（2021年）

総務省『地域の未来予測に関する検討ワーキンググループ報告書』（2021年）

【著者紹介】

小笠原 雅則（おがさわら まさのり）

1963年5月生。1982年早稲田大学高等学院卒，1986年3月早稲田大学政治経済学部政治学科卒，同年4月株式会社野村総合研究所（NRI）入社。以来，38年間の勤務の後，2023年5月に定年退職。同年8月，妻と共同で，「書くこと」を主体に様々な形での「発信」を目的とするスクリーボ合同会社（https://scribo.co.jp）を設立し，現在同社業務執行社員専務。著書は他に『教育バウチャー 学校はどう選ばれるか』（明治図書）。
Email：contact@scribo.co.jp

企業・自治体職員のための未来予測の進め方

2025年4月1日　第1版第1刷発行

著　者	小　笠　原　雅　則
発行者	山　本　　　　継
発行所	㈱　中　央　経　済　社
発売元	㈱中央経済グループ パブリッシング

〒101-0051　東京都千代田区神田神保町1-35
電話　03 (3293) 3371 (編集代表)
03 (3293) 3381 (営業代表)
https://www.chuokeizai.co.jp
印刷／三英グラフィック・アーツ㈱
製本／㈲井上製本所

ⓒ 2025
Printed in Japan